Hühnerhaltung
leicht gemacht

Grundlagen der artgerechten Haltung

Anatomie,
Futter,
Hühnerstall,
Krankheiten,
Rassen
u. v. m.

Till Hesskamp

Inhaltsverzeichnis

1. Hühner und Hühnerhaltung in der Geschichte

Hühner stehen in der Mythologie für Kraft und Macht. Dies ist kein Wunder. Schließlich stammen die Hühner laut dem Naturforscher Thomas Henry (1925 bis 1995) von gefährlichen Raubsauriern ab. Die Veränderung von den geschuppten Lebewesen bis zum heutigen Huhn dauerte aber lange Zeit. Schon vor 150 Millionen Jahren sollen die Schuppen gegen die Federn getauscht wurden sein. Lediglich an den Füßen sind die Schuppen auch noch heute vorhanden. Ebenso erinnert das Gelege an die Vorfahren. Die Dinosaurier-Vögel hatten jedoch Eier mit weniger Kalk. Irgendwann weit vor Christi Geburt wurde dann damit begonnen, die Hühner zu zähmen. Laut Knochenfunden aus der Jungsteinzeit war dies vor ungefähr 8000 Jahren. Damals verging das Jäger- und Sammlertum und die Menschen wurden sesshaft. In Europa gab es die ersten Hühnerhaltungen wahrscheinlich in der frühen Eisenzeit. Die damaligen Hühner lebten nur in Ställen. In Spanien gab es wahrscheinlich die ersten Hühnerhaltungen im 1. Jahrtausend vor Christus. Auch die Griechen und die Ägypter entdeckten bald die Hühner. Für sie dienten die Tiere jedoch weniger dem Verzehr oder dem Verzehr von ihren Eiern, sondern vielmehr Kämpfen. Den Griechen und den Ägyptern ist darum auch die erste gezielte Hühnerzucht zu verdanken. Die Hahnenkämpfe sind auch heute noch auf der Welt stark verbreitet. In asiatischen Ländern sind sie erlaubt und gelten als ein Teil der Kultur. In einigen europäischen Ländern sind sie ebenso erlaubt. Dagegen sind sie in Nordamerika seit Kurzem verboten. Trotzdem vergrößert sich die Fangemeinde sehr. Aus der Züchtung der asiatischen Kampfhuhnrassen hat sich die Rassehuhnzucht entwickelt. Somit gibt es die Hühner mit der Zeit in den verschiedensten Farben und Formen.

2. Anatomisches und Sinne

Viele Menschen glauben, dass Hühner von der Natur aus nicht fliegen können. Dies stimmt nicht. Hühner sind in der Anatomie so gebaut, dass sie fliegen können. Jedoch hat der Mensch die Flugfähigkeit weggezüchtet.

Das Skelett

Das Skelett ist sehr fest und hart. Es schützt die Weichteile des Körpers, das Gehirn, das Rückenmark sowie einige Sinnesorgane. Außerdem sitzen Muskeln hieran und manche Knochen dienen der Atmung. Darüber hinaus wird das Skelett grob in Kopf, Rumpf und Gliedmaßen unterteilt. Die Kopfknochen, also der Schädel, schützen das Gehirn. Im Zusammenhang mit der Nasen- und der Rachenhöhle sorgen sie für Atem und helfen bei der Verdauung. Außerdem werden die Knochen in Hirnschädel und in Gesichtsschädel unterteilt. Der Gesichtsschädel ist die Grundlage für den Ober- und Unterkiefer. Die Knochen sind über die Gelenke miteinander verbunden. Somit kann der Unterschnabel auf und ab bewegt werden. Der Rumpf besteht wiederum aus der Wirbelsäule mit Halswirbeln, Lendenwirbeln, Brustwirbeln, Kreuzwirbeln und Schwanzwirbeln sowie dem

Brustbein und den Rippen. Die Rippen besitzen im vorderen Teil fast alle einen hakenartigen Fortsatz. Dieser ist eine Verbindung zur nächsten Rippe. Außerdem verstärkt er den Brustkorb. Das Brustbein ist hingegen eine muldenartige Knochenplatte. Sie ist kräftig entwickelt und wird durch die Rippen an der Wirbelsäule befestigt. Außerdem werden vom Brustbein die Eingeweideorgane getragen. Mittig darauf verläuft der Brustbeinkamm. Damit wird die Ansatzfläche der Brustmuskulatur vergrößert, welche für die Flugfähigkeit bedeutsam ist. Zu den Gliedmaßen zählen die Flügel und die Beine. Die Oberarmknochen der beiden Flügel liegen parallel zu den Unterarmknochen. Von den Unterarmknochen ist die Elle kräftiger als die Speiche. Auch ist der Unterarm der Träger der Armschwingen. Infolge von Verwachsungen sind von den Handwurzelknochen nur noch zwei Knochen übrig. Damit wurden die Finger auf drei zurückgebildet. An den Spitzen setzen jeweils die Handschwingen an. Außerdem sind die Flügel mit dem Rumpf über die komplett ausgebildeten Schultergürtel verbunden. Der Schultergürtel besteht aus Schulterblatt, Schlüsselbein sowie aus dem Rabenschnabelbein. Die Beine sind bei Hühnern dagegen nach vorne und nach unten gerichtet. Der Ober- und der Unterschenkel sind über ein Knie verbunden. Hingegen sind das

Schienbein und das Wadenbein stark zurückgebildet. Nach dem Unterschenkel folgt die Ferse. Diese ist leicht nach hinten gerichtet. Unter der Ferse kommen die Lauf- und Mittelfußgelenke. Sie enden in den Fußwurzelgelenken. Danach kommen meist 4 Zehen, wobei der 1. Zeh für die Stabilisation nach hinten gerichtet ist.

Füße und Zehen

Hühner laufen auf zwei Beinen, wobei der obere Teil befiedert ist. Der Unterschenkel besitzt Schuppen, wird auch als Hacke bezeichnet und ähnelt der menschlichen Ferse. Über ein Knie sind Ober- und Unterschenkel miteinander verbunden. Das Knie ist noch mit Federn ausgestattet. Am Ende des Unterschenkels – auch Lauf genannt – kommen die Zehen. Meist besitzen Hühner 4 Zehen, wobei 3 nach vorne und 1 nach hinten zeigen. Manche Hühnerrassen verfügen auch über einen 5. Zeh. Bei Kreuzungen kann es zudem vorkommen, dass an einem Fuß 4 und an dem anderen Fuß 5 Zehen sind. Der 5. Zeh ist jedoch ohne Nutzen. Ebenso kann es vorkommen, dass manche Tiere befiederte Füße haben. Solche sind zum Laufen hinderlich. Nicht hinderlich sind wiederum Sporen. Vor allem die Hähne besitzen oberhalb der Zehen am Unterschenkel Sporen. Die Sporen helfen den

Tieren bei den Rangordnungskämpfen. Dabei kann es aber nicht zu ernsthaften Verletzungen kommen, es sei denn, der Mensch würde die Sporen spitz machen. Außerdem besitzen auch wenige Weibchen solche Sporen. Sie wachsen das gesamte Leben der Hühner lang. Eventuell müssen die Sporen tierärztlich gekürzt werden, wenn die Tiere nicht zuvor als Fleischlieferant dienen. Nur nach dieser Kürzung, welche übrigens schmerzlos ist, können die Hühner wieder normal laufen.

Kopf

Je nach Rasse kann die Kopfform unterschiedlich erscheinen. Landhuhnrassen besitzen eher schmale und lange Köpfe, Kampfhuhnrassen-Köpfe sind hingegen eher breit und kurz. Bei einer Haubenhuhnart verfügt der Schädel über eine knochige Erhebung. Hierauf befinden sich Federn. Dazu besitzt ein Hühnerkopf, unabhängig von der Rasse, meist üppige Hautfortsätze – die Kopfgehängsel. Ähnlich ist es mit den Kinnlappen unter dem Schnabel, deren Länge stark variieren kann. Je nach Rasse kann sich zwischen den Kinnlappen ein weiterer Hautlappen befinden. Die Ohrenscheiben befinden sich dagegen schräg hinter den Augen an den Schläfen. Sie sind meist weiß, rot oder blau gefärbt und ihre Aufgabe ist es, den Gehörgang zu schützen. Zum Kopf gehören außerdem noch der Kamm sowie der Schnabel. Beim Kamm gibt es den Einzelkamm, den Rosenkamm, den 3-reihigen Kamm, den Wallnusskamm und noch viele weitere Arten. Der Einzelkamm steht vertikal in die Höhe und besitzt eine bestimmte Anzahl an Kammzähnen. Die Anzahl ist dabei rassenabhängig. Der Rosenkamm ist hingegen breiter, niedrig und ohne Zacken. Beim 3-reihigen Kamm gibt es wiederum einen Einzelkamm, welcher gerade nach oben zeigt. Hinzukommen zwei kleinere Einzelkämme, welche nach links und rechts gehen. Der 3-reihige Kamm ist mit dem Einzelkamm eng verwandt und ihn besitzen meist Kampfhuhnarten. Etwas anders ist es beim Wallnusskamm. Er ähnelt einer halbierten Walnuss und beansprucht nur die Stirn. Zudem ist er zackenlos. Geht es um den Hühnerkopf, darf auch der Schnabel nicht vergessen werden. Dieser verfügt über ein dichtes Nervengeflecht. Mit ihm werden Größe, Form, Oberfläche und Härte des Futters wahrgenommen. Zudem wird er zum Trinken, für die Gefiederpflege und zur Verteidigung benutzt. Außerdem ist es den Tieren möglich, Schmerzen im Schnabel zu spüren.

Federn

Die Federn können bei Hühnern je nach Rasse, Geschlecht und Körperteil verschieden beschaffen sein. Dies bedeutet, dass sie farblich, aber auch in ihrer Form verschieden ausfallen. So sind die Schwungfedern steif, breit und lang. Nur bei wenigen Rassen sind die Schwungfedern weich. Weich sind auch die Halsfedern. Die Halsfedern können in der Länge variieren. Die Befiederung auf dem Rücken, der Brust und den Schultern ist bei fast allen Hühnern ähnlich. Hier ändert sich nur die Farbe. Außerdem besitzen alle Daunenfedern. Damit werden die Tiere vor Kälte geschützt. Die Anzahl der Daunenfedern ist rassenabhängig. Arten mit vielen Daunen wirken größer. Darüber hinaus gibt es Rassen, welche keinen Kamm und/oder nur kleine Kinnlappen besitzen, sondern Federn. Dann haben sie eine Haube oder einen Bart.

Verdauung

Hühner sind bezüglich der Verdauung etwas Besonderes. Während die meisten Lebewesen schon beim Kauen mit dem Verdauen beginnen, fehlt den Hühnern hierfür das Gebiss. Damit beginnt der mechanische Teil der Verdauung nicht im Schnabel. Vielmehr verfügen die Tiere dafür über einen Kaumagen. Das aufgenommene Futter wird durch eine große Anzahl von Drüsen in der Schnabelhöhle mit Speichel versorgt. Damit rutscht das Futter gut die Speiseröhre entlang, hinein in den Kropf. Im Kropf wird das Futter aufgeweicht. Damit das möglich ist, müssen die Hühner ausreichend Trinkwasser zu sich nehmen. Sobald ein Tier eine Pause einlegt, wird das aufgeweichte Hühnerfutter durch den Drüsenmagen befördert. Es kommt in den Muskelmagen. Im Muskelmagen, welcher auch Kaumagen genannt wird, wird das Gefressene nun kleingekaut. Dafür sind Muskelbewegungen sowie auch kleine aufgenommene Steinchen verantwortlich. Anschließend gelangt das Hühnerfutter in den Dünndarm. Im Gegensatz zu manchen anderen Tieren bilden Hühner keine Laktase. Deshalb hat es keinen Sinn, dem Futter Molke und Milchprodukte beizumengen. Außerdem folgt das Absetzen von Kot und Harn bei den Hühnern nicht einzeln, denn Mastdarm und Harnleiter führen zusammen in die Kloake. Darum ist der Hühnerharn nicht einzeln zu finden. Er ist stattdessen mit dem Kot vermischt.

Sinne

Hühner haben verschiedene Sinne, welche an ihre natürlichen Lebensumstände angepasst sind.

Der Sehsinn ist in der Weite schlecht ausgeprägt. Dafür können die Tiere alles gut erkennen, was sich maximal 5 Meter vor ihnen befindet. Auch kleine Dinge wie Würmer werden dann erkannt, wenn sie sich nicht farblich vom Untergrund unterscheiden. Alles, was weiter als 5 Meter entfernt ist und sich bewegt, wird zumindest noch wahrgenommen. Stehen Dinge auf 50 Meter Entfernung still, können sie nicht mehr realisiert werden. Außerdem ist das Farbsehen, mit dem Spektrum des Menschen zu vergleichen. Lediglich blau und violett werden als eine Farbe wahrgenommen. Eine Besonderheit ist das Sehen der Hühner im UV-Bereich. Darüber hinaus können die Hühner nur bei Licht sehen. Je dunkler es ist, umso weniger bekommen die Tiere mit. Ebenso ist das räumliche Sehen nur gering ausgeprägt. Hühner sehen maximal 30 Grad räumlich. Das restliche Sichtfeld wird immer nur mit einem Auge wahrgenommen. Es umfasst insgesamt 300 bis 330 Grad.

Der Geruchssinn dient hingegen zur Orientierung als auch zur Nahrungssuche. Hühner besitzen wahrscheinlich über 570 Geruchsrezeptor-Gene. Davon sind ca. 80 % aktiv. Über den Geruchssinn bei diesem Geflügel ist noch nicht sehr viel bekannt. Wahrscheinlich nehmen die Hühner aber mehr über das Riechen wahr, als gedacht wird.

Besser bekannt scheint der Geschmackssinn zu sein. Der Geschmackssinn ist bei einem Huhn jedoch nur wenig ausgeprägt. Die Futterauswahl findet nämlich vielmehr nach optischen und olfaktorischen Kriterien statt. Schließlich besitzen die Tiere nur 25 Geschmacksknospen. Somit können sie gerade salzig, sauer, bitter und süß voneinander unterscheiden.

Ein wichtiges Sinnesorgan ist wiederum das Hühner-Ohr. Ein Huhn besitzt keine Ohrmuscheln, sondern eine von leichten Federn umgebene Gehöröffnung. Mit dem Gehör können Laute aus bis zu 50 Meter Entfernung wahrgenommen werden. Kräht ein Hahn, wird er auch über 2 km noch gehört. Schon Küken nehmen im Ei die Rufe der Glucke wahr. Die Glucke kommuniziert mit ihnen etwa 24 Stunden vor dem Schlüpfen.

Zu guter Letzt verfügen diese gefiederten Tiere noch über den normalen Sinn des Fühlens. Das Fühlorgan ist dabei der Schnabel.

Neben den normalen Sinnen kommt unter anderem noch der Vibrationssinn hinzu. Die Vibrationsorgane befinden sich auf der Haut und vor allem an den Beinen. Das Huhn erfährt damit Schwingungen auf dem Boden oder in der Luft. Es erkennt damit frühzeitig, wenn sich ihm ein Feind nähert.

3. Die (Fress-)Feinde von Hühnern

Jedes Tier hat wohl Feinde – auch Hühner. Während die meisten Fressfeinde sind, töten andere Feinde die Tiere aus instinktiver Mordlust, ohne sie anschließend zu fressen. Alles in allem ist die Liste von Feinden der Hühner sehr lang. An erster Stelle steht das Raubtier „Mensch", welcher beim Anblick von Hühnern meist an eine Hühnersuppe oder an den Sonntagsbraten denkt. Irgendwo danach kommen Hunde und Katzen, welche gerade die Küken zu Tode jagen. Hinzu kommen Marder und Fuchs. Außerdem haben es vor allem Wiesel, Ratten und Raubvögel auf Küken abgesehen. Damit den Tieren nichts passiert, müssen die Gehege – vor allem die Ställe – sicher sein. Schon ein kleiner Spalt kann den Feind hineinlassen. Anders als in der Natur oder bei einer komplett freilaufenden Haltung können sich die Tiere in Gefangenschaft nicht gut verteidigen. Ihre Verteidigung besteht nämlich aus dem Hahn, welcher gegen den Feind kämpft und sich im Notfall selber opfert. Ebenso flüchten die Hühner in ein Versteck, sobald der Hahn kräht.

4. Allgemeines über das Hühnerei

Hühner von Legerassen legen fast jeden Tag ein Ei. Andere Rassen legen weniger Eier. Ebenso können die Eigröße und die Eierschalenfarbe verschieden ausfallen.

Der Aufbau

Von außen sieht das Ei langweilig aus. Auch im Inneren scheint es erst einmal nichts Besonderes zu geben. Dabei ist ein Hühnerei ein echtes Bauwerk. Das Ei wird in der Henne hergestellt. Am Anfang gibt es viele kleine Eizellen. Im Eierstock reifen sie zu einer Dotterkugel heran. Irgendwann zerplatzt die Membran. Die Dotterkugel wandert nun zum Eileitertrichter. Nun könnte auch eine Befruchtung des Hühnereies geschehen. Unabhängig davon, ob befruchtet oder ob nicht befruchtet, geht es weiter zum Eileiter. Jetzt bilden sich um die Dotter herum Häutchen. Dazu wird ein wässriges Sekret abgesondert. Das Ei wandert dabei spiralförmig durch den Eileiter. Somit wird die wässrige Schicht gleichmäßig aufgetragen. Ist der Eidotter mit der Schicht, dem Eiklar, überzogen, bilden sich die Hagelschnüre. Sie sorgen dafür, dass sich der Dotter immer in der Mitte befindet. Anschließend kommt die sogenannte Schalen- oder Eihaut darum. Bevor das Ei nach draußen kommt, bekommt es noch die harte Schale. Dafür verbleibt es etwa 17 Stunden in der Kalkkammer. Danach wird es gelegt. Das fertige Ei besteht dann zu etwa 93 % aus Kalziumsorbat. 1,1 % sind Magnesiumsorbat. Dazu kommt 1 % Kalziumphosphat. 3,3 % sind Eiweißstoffe, 1,6 % sind Wasser und nur ganz wenig ist Fett. Für die Eierschale, welche aus 3 Schichten besteht (Oberhäutchen, eigentliche Schale – auch Kristallschicht genannt – als auch aus der Eierschalenmembran), verbraucht die Henne 350 Gramm Kalzium pro Jahr. Die Eierschalenmembran wird zudem in die Innere und in die Äußere eingeteilt. Die Eierschale schützt das Innere vor Bakterien. Wird das Ei abgewaschen, verliert sich der Schutz, weil die Oberhäutchen vernichtet werden. Das Eiklar besteht zu fast 90 % aus Wasser. 10 % sind Eiweiß. Zudem kommen globuläre Proteine hinzu. Des Weiteren gibt es auch beim Eiweiß verschiedene Schichten. Die innere Schicht ist am dünnsten. Dagegen hält die äußere Schicht den Dotter in der Mitte und vermeidet ein Anhaften an der Eischale. Je frischer ein Ei ist, umso stärker ist dies. Mit der Zeit geht die Viskosität verloren. Der pH-Wert ändert sich von etwa 7,6 auf 9 oder mehr.

Das Eigelb hingegen besitzt die eigentlichen Nährstoffe. Es besteht zu 16 % aus Eiweiß, 1 % aus Mineralien sowie auch Kohlenhydraten, 32 % aus Fett und zu 70 % aus Wasser. Auch der Eidotter besteht aus verschiedenen Schichten. Die eine Schicht ist der gelbe Nahrungsdotter, die andere ist der weiße Bildungsdotter. Dazu kommt eine elastische Membran, welche den Dotter vor Keimen schützt.

Eier mit dünnen Schalen

In manchen Fällen kommt es vor, dass ein Hühnerei keine oder nur eine dünne Schale besitzt. Dann werden sie auch als Windeier benannt. Dieses Phänomen ist bei den Hühnern ein Zeichen für einen Kalzium-Mangel. Ebenso kann es Vitamin-D-Mangel sein. Außerdem kommen Windeier vor allem bei jungen oder älteren Hühnern vor. Legen die Tiere nur selten Windeier, ist es nicht schlimm. Erst bei einer regelmäßigen Ablage von dünnschaligen oder schalenlosen Eiern muss etwas verändert werden. Meist reicht es aus, den Tieren mehr Kalzium und Sonnenlicht anzubieten. Ebenso können vor allem im Winter Vitamin-Präparate mit Vitamin-D verabreicht werden. Fressen die Tiere nicht viel Kalzium, kann ihnen auch flüssiges Kalzium zum Trinken

zur Verfügung gestellt werden. Bleiben die Eier dünn-
schalig oder schalenlos, kann auch eine Virusinfektion
schuld sein. In dem Fall sollte ein Tierarztbesuch erfolgen.

Die Größe

Wie viele Eier eine Henne in ihrem Leben maximal legen
wird und wie groß sie sein werden, ist fast schon vor-
programmiert. Es kommt auf die Rasse an. Dabei muss
es nicht sein, dass große Rassen auch große Eier legen.
Manche großen Hühner, die ein Gewicht von 5 kg auf-
weisen, legen Eier von 55 bis 60 Gramm. Andere
(Zwerg-)Hühner wiegen hingegen selber gerade einmal
etwas mehr als 1 kg, doch deren Eier können 45 Gramm
schwer sein. Ebenso ist der Legezeitpunkt von Bedeu-
tung. Junge Hühner legen mehr und kleinere Eier. Nach
etwa einem Jahr werden die Hühnereier größer. Dafür
nimmt ihre Anzahl ab. Dies ist genetisch bedingt. In der
Natur würden viele Hühner das Legealter von mindestens 5 Monaten gar nicht erreichen. Für die Arterhaltung sind darum viele Eier nötig. Danach hat die Henne
ihren Teil zur Arterhaltung beigetragen. In manchen Fällen fallen die Eier auch größer aus als sonst. Unnormale

Eier können auch über 100 Gramm wiegen. Dann besitzen sie auch einmal zwei oder vier Dotter. In dem Fall verlassen nicht nur ein, sondern mehrere Dotter den Dottersack und werden im Eierstock zusammen in ein Ei gepackt. Was manchen Menschen freut, ist für die Tiere gefährlich. Aus einem mehrfach dotterigen Ei würden niemals Küken schlüpfen. Die Küken könnten zwar darin wachsen. Sobald sie kurz vor dem Schlüpfen auf die Lungenatmung umstellen, ist nicht ausreichend Luft für beide vorhanden. So sterben sie beide im Ei. Eventuell überlebt auch ein Küken. Dann hat es sich aber vor dem Schlüpfen schon an dem toten Geschwisterchen vergiftet und wird selber nicht mehr lange leben. Auch für die Henne stellen zu große Eier eine Gefahr dar. Der Legeapparat wird zu stark beansprucht. Somit kann es zu Komplikationen kommen, welche sogar mit dem Tod enden können.

Die Eierfarbe

Die Hühner können je nach Rasse Eier mit verschiedenen Eierfarben legen. Bei Hühnern mit weißen Eiern wurde gezielt das Farbgen weggezüchtet. Braune Eier bekommen ihre Farbe vom Hämoglobin und von einer gelblichen Farbe aus der Galle. Auch bei grünen Eiern ist das Hämoglobin dabei. Hier wird der Blutfarbstoff aber nicht von Blau über Grün nach Gelb umgewandelt. Stattdessen wird bei Grün aufgehört. Die Intensität der Farbe ist genabhängig. Wird ein Grünleger-Hahn mit einer braun oder weiß legenden Henne verpaart, werden die weiblichen Nachkommen grüne Eier legen. Ist es jedoch ein Weiß- oder Braunleger-Hahn, kommen anschließend weiße oder braune Eier dabei heraus. Die Gefiederfarbe von der Henne spielt dabei keine Rolle. Dafür haben jedoch der Legezeitpunkt und das Hühneralter Einfluss auf die Farbintensität.

Die Lagerung

Wie ein Hühnerei zu lagern ist, kommt auf die Verwendung an. Hühnereier für die Brut bzw. für die Kunstbrut sollten maximal 10 Tage lang gelagert werden. Je älter das Ei ist, umso geringer ist die Wahrscheinlichkeit auf ein Küken. Selten gibt es auch Ausnahmen. Außerdem sollte die Lagertemperatur zwischen 8 und 15 °C liegen, mit einer guten Luftzirkulation. Zugluft wird nicht vertragen. Auch eine direkte Sonneneinstrahlung gilt es, für die Hühnereier zu vermeiden. Darüber hinaus sollten die Bruteier liegend und geruchsneutral aufbewahrt werden. Des Weiteren gilt es, sie einmal am Tag oder häufiger um die halbe Längsachse zu drehen. Ansonsten könnte sich der Dotter absenken und es kommt zu Verklebungen mit der Schalenhaut. Dann kann sich später das Küken nicht richtig entwickeln. Die Hühnereier, welche zum Verzehr dienen, können wiederum länger aufbewahrt werden. Die ersten 3 Wochen ist es möglich, sie gekühlt oder ungekühlt zu lagern. Danach müssen die Hühnereier auf alle Fälle gekühlt werden. Anschließend können sie noch eine weitere Woche aufgehoben werden. Zudem sollten Hühnereier niemals gewaschen werden. Auf dieser Weise würden die Schutzschicht verloren gehen und Keime können nach innen gelangen. Ebenso sollten zu starken Temperaturschwankungen vermieden werden. Darum sind einmal gekühlte Eier immer kühl aufzubewahren. Des Weiteren wird bei den Eiern zum Verzehr empfohlen, sie mit der Spitze nach unten zu lagern. Damit bleibt die Luftkammer am stumpfen Pol frei und belastet nicht das Eiinnere. Somit verschiebt sich das Eigelb nicht.

Die Kennzeichnung

Wer seine Eier verkaufen möchte, benötigt nicht nur einen Selbstständigkeits-Status. Seit 2005 gelten die EU-Vermarktungsnormen für Eier (welche es seit 2004 gibt), wenn Erzeuger ihre Eier an den Endverbraucher verkaufen. Lediglich Verkäufe an der Haustür oder bei der Erzeugerstelle von unverpackten Eiern unterliegen den Kennzeichnungsregeln nicht. Die Kennzeichnung selbst besteht aus einem **Buchstaben- und Zahlencode**, welcher auf die Eier gedruckt ist.

Bei der ersten Zahl steht:

    0 für ökologische Erzeugung,

    1 für Freilanghaltung,

    2 für Bodenhaltung,

    3 für Käfighaltung.

Danach folgt das **Herkunftsland:**

    DE für Deutschland,

    AT für Österreich,

    BE für Belgien,

    DK für Dänemark,

    ES für Spanien,

FR für Frankreich,

NL für Niederlande.

Die letzten Ziffern stehen für das Bundesland und für den Legebetrieb.

Zusätzlich können die Hersteller diese Informationen auf die Verpackungen drucken:

- Packstellencode,

- Haltungsform,

- Mindesthaltbarkeit,

- Güteklasse,

- Gewicht (M steht für mittelgroß, L steht für groß, S steht für klein und XL steht für sehr groß – mehr als 73 Gramm)

5. Fragen vor der Hühnerhaltung

Bevor sich Haustiere angeeignet werden, sollten einige Fragen beantwortet sein.

Sind Hühner das Richtige?

Hühner sind einfacher zu pflegen als andere Haustiere. Trotzdem benötigen sie Zeit und kommen nicht komplett ohne Aufwand aus. Erst einmal muss es genug Platz für die Hühner geben. Ebenso muss ein passender Stall vorhanden sein. Hinzu kommt die Zeit. Regelmäßig müssen die Hühner gepflegt werden. Gepflegt werden müssen die Tiere auch im eigenen Krankheitsfall bzw. während der Urlaubszeit. Die Hühner benötigen früh und im Tagesverlauf frisches Wasser und frisches Futter. Damit das Wasser nicht verschmutzt, gilt es, den Wassernapf auch gut zu reinigen. Auch der Futternapf sollte immer einmal wieder entleert und gesäubert werden. Außerdem ist der Stall einmal pro Woche sauberzumachen. Im Winter, wenn die Tiere viel drinnen sind, ist die Reinigung aber auch öfters notwendig. Dafür muss im Sommer auch einmal das Außengehege gereinigt oder ein neues Gehege eingezäunt und zur Verfügung gestellt werden. Ebenso gilt es, ab und zu einmal die Unterlage im Legenest zu erneuern. Somit verschmutzen die Eier nicht so schnell.

Die Kosten

Ein einzelnes Huhn an sich kostet zwischen 5 und 15 €. Es sollten immer mehrere Tiere zusammengehalten werden. Dazu kommen rund 200,00 € Ausgaben für eine Unterbringung. Ebenso müssen Futterkosten und mögliche Tierarztkosten eingeplant werden.

Wie viel Platz für die Hühner?

Hühner sind zwar klein, benötigen aber ihren Platz. Darum sollten für ein einzelnes Tier etwa 10 m^2 eingeplant werden. Mit jedem weiteren Tier steigt der Platzbedarf.

Hühner woher erwerben?

Es gibt viele Quellen, welche Hühner anbieten. Wirklich geeignet sind aber nicht alle. Zum Beispiel werden manche Tiere über das Internet verkauft. Das Angebot klingt verlockend. Schließlich wird das Tier einfach direkt nach

Hause geliefert. Dafür gibt es keinen wirklichen Überblick über die bisherigen Haltungsbedingungen. Selbst auf Fotos ist nicht immer die Wahrheit erkennbar. Auch der Gesundheitsstand der Tiere kann über das Internet schlecht geprüft werden. Etwas besser ist ein Kleintiermarkt geeignet. Auch hier fehlen die Haltungseinblicke. Dafür können sich die Tiere angesehen und Kontakt zu dem Züchter aufgenommen werden. Besser ist es jedoch, sich gleich an einen regionalen Züchter zu wenden. Seriöse Hühnerzüchter glänzen mit gesunden Tieren, einer guten Haltung, Fachwissen und damit, dass sie die Käufer auch bei sich zu Hause empfangen. Ebenso stellen sie sich bei Problemen als Ansprechpartner zur Verfügung. Der Hühnerkauf kann zudem über Geflügelzuchtvereine bzw. über Interessenverbände erfolgen. Insbesondere, wenn eine spezielle Rasse erwünscht ist, sind diese Stellen besonders empfehlenswert.

Hahn oder kein Hahn?

Fast alle potenziellen Hühnerhalter*innen stellen sich die Frage nach dem Hahn. Die Meinungen, ob ein Hahn sein muss oder nicht, gehen weit auseinander. Damit die Hühner befruchtete Eier legen und Küken bekommen können, muss ein Hahn bei ihnen sein. Der Hahn sorgt zudem für ein ausgeglichenes Leben unter den Hühnern. Außerdem beschützt er seine Hühner. Sind Eindringlinge in der Nähe, gibt er bestimmte Töne von sich. Dazu schlichtet er Streit unter den Weibchen. Viele Hähne krähen aber nicht nur morgens oder bei Gefahr, sondern auch den ganzen Tag. Dies kann für Menschen sehr nervig sein. Darüber hinaus sollten keine zwei oder noch mehr Hähne aufeinandertreffen. Dann nimmt das Krähen noch weiter zu. Schließlich möchte der eine Hahn den Anderen übertrumpfen. Dazu kommt, dass manche Hähne sehr fortpflanzungsfreudig sind. Daraufhin sehen manche Hennen ziemlich gerupft aus. Ebenso kommt noch hinzu, dass die Hähne bei Gefahr keinen Kampf mit dem Angreifer scheuen. So kann auch der Mensch von dem Hahn angegriffen werden, sollte dieser ihn als Bedrohung erkennen. Möchte der/die Hühnerhalter*in die Eier nur zum Essen verwenden, können die Hühner auch ohne Hahn leben.

6. Das Verhalten

Soziales Verhalten

Mittlerweile ist fast jedem bekannt, dass Hühner intelligente Tiere sind. In einer möglichst natürlichen Haltungsform schließen sie Freundschaften untereinander, erkennen ihre eigenen Küken und entdecken gerne ihre Umwelt. Zerbricht eine Freundschaft, können die Tiere auch Trauer verspüren. Aber auch Eifersucht wegen Zuwachs durch eine oder mehrere ausgewachsene Hennen ist möglich. Ähnlich ist es mit einem echten Mitgefühl. Jedes Huhn besitzt zudem seine Persönlichkeit. Manche sind aggressiv, andere zurückhaltend, vorwitzig oder genießen die menschliche Gesellschaft. Für so gut wie alle Menschen sind die Hühner dabei nicht immer einfach zu unterscheiden. Auch soll es Hühnern möglich sein, sich auf einem Niveau zu unterhalten, was ansonsten nur Affen können. Dabei können sie bis zu 20 verschiedene Töne von sich geben. Die Menschen achten jedoch kaum darauf. Sie stempeln viel mehr alle Töne als „Gackern" ab.

Die Rangordnung

In jeder Hühnerschar gibt es eine Rangordnung. Sie sagt aus, wer wen hacken darf. Die schwächeren Hühner müssen das Hacken dann ertragen. Hierbei geht es aber nicht darum, einfach drauf los zu hacken. Vielmehr sorgt es für eine Sozialordnung, wenn es um den Schlaf- oder Futterplatz geht. Die Rangordnung wird schon unter den Küken ausgetragen. Manche Küken hacken und andere Küken weichen zurück. Nach einigen Wiederholungen ist die Rangordnung entschieden. Bleiben die Küken immer zusammen, kommt es wohl zu keinem richtigen Kampf. Werden hingegen ausgewachsene Hühner vergesellschaftet, entscheidet eine Auseinandersetzung über die Rangfolge. Werden jedoch nur einzelne Hennen in eine schon bestehende Hühnerschar gesetzt, landen sie erst einmal sehr weit unten. In seltenen Fällen möchten sie sich gleich gegen die anderen Hühner behaupten. Ebenso ist es mit Jungtieren, welche kaum gegen ältere Tiere ankämpfen. Darum gibt es in der Rangordnung meist eine Altersschichtung. Ausnahmen sind junge Hähne. Ihnen liegt es in der Natur, dass sich irgendwann die Althennen ihnen unterwerfen sollen. Schließlich würde es niemals zu einer Begattung kommen, wenn der Hahn im Rang niedriger steht. Dies gelingt ihnen meist auch. Manchmal braucht es aber mehrere Unterwerfungs-Versuche. Außerdem verläuft die Rangordnung nicht immer geradlinig. So kann Huhn 1 im Rang über Huhn 2 stehen. Gewinnt Huhn 3 gegen Huhn 1, hat es trotzdem noch nicht Huhn 2 geschlagen und ist diesem weiterhin unterworfen. Schließlich kann es sein, dass das eigentlich stärkere Huhn lediglich abgelenkt war und wegen des Hahns kleinbeigeben musste. Die Rangordnung kann sich also immer wieder verändern. Damit alles natürlich verläuft, sollte sich kein Mensch einmischen. So etwas würde Rangordnungskämpfe nur hinauszögern.

Aggressive Hähne

Es kann vorkommen, dass manche Hähne gegenüber den Menschen starke Aggressionen zeigen. Dies hat seine Gründe. Immerhin ist Hahn der Anführer der Hühner. Er braucht einen hohen Rang, um Hennen zum Fortpflanzen zu animieren. Außerdem gibt es seine Führungsrolle nicht einfach ab. Die Führungsrolle der Hähne ist mit Pflichten verbunden. Somit muss der Hahn seine Hennen vor Gefahren warnen und sie auf alle Fälle beschützen. Zeigen Hähne gegenüber dem Menschen Aggressionen, bedeutet dies, dass sie den Menschen als Gefahr betrachten. Die Ursachen hierfür können sehr verschieden sein. Küken, die schon mit menschlichen Verbindungen aufwachsen, sehen die Halterin/den Halter als netten Futterbringer und Scharmitglied an. Am Anfang sind die Hähne sehr zahm. Tritt die Geschlechtsreife ein, erkennen die jungen Hähne im Menschen einen weiteren Hahn. Weil dieser aus ihrer Sicht mit zur Gruppe zählt, möchten sie ihn in der Rangordnung besiegen. In weiterer Folge kommt es zu Kämpfen. Ebenso kann der junge Hahn einmal geärgert worden sein. Somit sieht er den Menschen dann als Gefahr an. Hinzu kommen meist gentechnische Faktoren. Für den Menschen sind aggressive Hähne nicht leicht, egal, wo die Aggressionen herkommen. Darum muss etwas dagegen unternommen werden. Maßnahmen gibt es viele. Manche führen zum Erfolg und manche nicht. Als Erstes sollte versucht werden, so wenig Kontakt wie nur möglich zu den männlichen Küken zu haben. Damit wird der Bezug zum Menschen verhindert. Außerdem ist es möglich, dass der Hahn aggressiv wird, wenn er denkt, der Mensch will ihm seine Hennen streitig machen. Dies kann etwa beim Füttern passieren. Um so etwas zu vermeiden, sollte dem Hahn zuvor das Futter angeboten werden. Dieser verteilt es dann an seine Hennen und nimmt sich selber nur den Rest davon. Bei einem Angriff nützen diese Maßnahmen allerdings nichts.

Nun sollte der Hahn gegriffen und unter dem Arm gepackt werden. Erst, wenn er sich beruhig hat, darf er wieder frei laufen. Spätestens, nachdem dies mehrmals vollzogen ist, erkennt der Hahn den Menschen als dominant an. Sich mit Stöcken oder Ähnlichem gegen den Hahn zu wehren, ist wiederum sinnlos. Im Gegenteil: Das Tier wird nun noch mehr Gefahr im Menschen erkennen. Auch auf die Hennen geht dies über, welche bald das Weite suchen werden, sobald ein Mensch das Gehege betritt. Falsch ist es zudem, wenn der Besitzer/die Besitzerin von sich aus unterlegen ist. Es sollte auf gar keinem Fall dem Hahn ausgewichen werden. Besser ist es, Selbstsicherheit zu zeigen. Dann bleibt der Hahn dem Menschen vielleicht auch schon von alleine fern, es sei denn, der Mensch nähert sich zu stark den Hühnern.

Die Lautsprache

Die Lautsprache ist bei Hühnern schon angeboren. Dabei können sie viele verschiedene Laute von sich geben.

Das Gackern ist der bekannteste Laut. Das „gack-ack-ack" im scharfen, abgehackten und unrhythmischen Tonfall steht für Aufregung. Ist die Aufregung vorbei, kommt mehr Ruhe in den Laut hinein. Dann hört es sich wie ein Legegackern an, wenn das Huhn ein Ei gelegt hat. Das Legegackern dient wiederum als Herdensuchruf. Findet das Huhn die Herde nicht wieder, antwortet der Hahn und hilft beim Zurückkommen. Manchmal, gerade bei Haushennen, wird auch auf das Legegackern verzichtet.

Ebenso bekannt ist das Gakern. Gegakert wird vor der Eiablage und symbolisiert die Legebereitschaft. Sofern das bevorzugte Nest gerade belegt ist, kann das Gakern etwas dauern. Das Gakern kann aber auch bedeuten, dass die Tiere Futter möchten oder aus dem Stall herauskommen möchten. Hähne gakern wiederum kaum. Wenn, dann stellen sie damit einen siegreichen Rivalen nach.

Vielmehr geben die Hähne Lockrufe von sich. Mit einem „tuck, tuck, tuck" möchte der Hahn die Hennen zum Fressen locken. Je schmackhafter das Futter zu sein scheint, desto intensiver ist der Laut. Ebenso kann es vorkommen, dass auch Glucken ihre Küken so rufen, erwachsene Hennen in einer abgeschwächten Form oder sogar schon halbgroße Küken solche Laute von sich geben. Des Weiteren kann es sein, dass der Hahn lügt. Somit lockt er eine Henne an eine leere Stelle und versucht die Paarung. Gerade Hähne, welche alleine sind oder im Rang weiter unten stehen, versuchen somit Gesellschaft zu erlangen.

Des Weiteren kommunizieren Hühner über Wehlaute. Wird ein Huhn von einem Feind gepackt, schreit es. Der Hahn versucht es, nun zu retten. Auch bei einem Streit untereinander kann es zu einem solchen Laut kommen.

Das Kollern geben wiederum die Hähne von sich, wenn sie ihr Selbstbewusstsein zeigen möchten.

Nicht nur einem einzigen Zweck dient hingegen das Krähen. Der Hahnenschrei steht für Kraft und für Selbstsicherheit. Steht ein Kampf zwischen zwei Hähnen an, krähen sie zuvor. Ebenso führt das Krähen Hennen zur Herde zurück, welche sich verlaufen haben. Gibt es keinen Hahn, so übernehmen auch Althennen manchmal das Krähen.

Natürlich können Hühner und Hähne noch mehr Geräusche von sich geben. Was sie damit sagen möchten, ist abhängig von den speziellen Situationen.

Die Körpersprache

Hühner kommunizieren neben den Lautäußerungen auch mit der Körpersprache. Klatschen Hähne mit den Flügeldecken über den Rücken, möchten sie Selbstsicherheit ausstrahlen. Ein Hahn möchte somit verdeutlichen: „Das hier ist mein Revier." Danach folgen meist Krährufe.

Umschreitet der Hahn mit einem steifen Schritt und einem abgesenkten Kopf das Weibchen, wird vom Kratzfuß gesprochen. Dabei entfaltet der Hahn auch noch die Handschwinge von der Seite, welche dem Weibchen abgewandt ist. Dadurch entsteht an den Läufen ein Wetzlaut. Der Kratzfuß wird aber auch bei jungen Hähnen gegenüber ihren Brüdern veranstaltet, welche im Rang niedriger stehen. Ähnlich ist es zwischen ranghohen und rangniedrigen Weibchen.

Weitere Körpersprachen sind das Flügelheben und das Flügelschwenken. Beim Flügelheben droht zu anfangs eine Henne einer anderen Henne. Weicht diese zurück und kommt die drohende Henne für ein ranghöheres Huhn, wird dieses zurückdrohen. Dann senkt Erstere schnell den Kopf und dreht sich weg. Dabei setzt das Flügelheben ein. Es soll eine Entschuldigung sein. Ähnlich ist es beim Flügelschwenken. Dieses steht für einen Rückzug.

Etwas anderes soll es wiederum bedeuten, wenn eine brütende Henne ihr Gefieder sträubt. Die Glucke sträubt bei Gefahr ihre Federn. Je nach Störenfried geht sie auf den Eindringling los oder senkt untertänig ihren Kopf. Mit letzterem Verhalten wendet sie sich vom Störenfried ab und versteckt ihren Kopf. Das Kopfverstecken machen manchmal auch besiegte Hähne. Damit erfolgen bald keine Angriffe weiter auf sie.

Zu guter Letzt darf auch das Drohen nicht vergessen werden. Es signalisiert die Bereitschaft zum Kämpfen. Die Hähne drohen dabei stumm und stellen sich seitlich zum Gegner. Hennen wiederum bleiben aufrecht stehen, heben den Flügelbug an und senken die Flügelspitzen nach unten. Die Flügel bleiben geschlossen und das Gefieder liegt dabei eng an. Verdichtet sich die Kampfbereitschaft bei Hennen, sträubt sich das Halsgefieder und der Schwanz spreizt sich.

7. Hühner unterbringen – Hühnerstall

Um Hühner halten zu können, muss man nicht unbedingt einen Bauernhof besitzen. Auch im heimischen Garten können sich die Tiere wohlfühlen. Wichtig ist, dass es viel Platz gibt. Dazu kommen der Auslauf und ein guter Hühnerstall. Wer etwas handwerkliches Geschick besitzt, kann einen Hühnerstall selber bauen. Ansonsten kann er auch gekauft werden. Die Optik ist dabei nicht so wichtig. Zumindest ist diese den Hühnern selber egal. Entscheidender ist, dass der Stall

- gut belüftet wird,

- nicht zugig ist,

- Sitzstangen, Nester sowie auch einen sauberen Futter- und Wasserplatz hat,

- die Größe stimmt (Für 5 Hühner reicht $1m^2$, wenn noch ein großer Auslauf hinzukommt.),

- gut gereinigt werden kann und

- meist auch günstig ist.

Hühnerstall bauen oder kaufen?

Der Eigenbau

Vergleicht man einen Eigenbau mit einem Fertig-Hühnerstall, fällt dieser günstiger aus und er kann nach den eigenen Wünschen gestaltet sein. Dafür ist jedoch handwerkliches Geschick notwendig. Hinzu kommen Baumaterialien und Werkzeug wie Steine, Bretter, Schrauben, Akku-Schrauber und so weiter. Auch ausgediente Einwegpaletten werden gerne verwendet, weil es sie bei vielen Baumärkten gratis gibt.

Der Fertig-Hühnerstall

Wer kein handwerkliches Geschick besitzt, kann auch einen Fertig-Hühnerstall erwerben. Diese sind gleich gut isoliert, durchlüftet und haben ein gutes Lichtangebot. Manche verfügen auch über eine passende Innenausstattung. Solche Ställe haben aber auch einen höheren Preis.

Gartenhaus und Bauwagen als Hühnerstall

Etwas zwischen Eigenbau und Fertig-Hühnerhaus liegen die Hühnerhäuser als Bauwagen oder ein umgebautes Gartenhaus. Beides ist in der Regel schon erschaffen.

Gartenhäuser müssen eventuell noch gegen Marder gesichert und isoliert werden und dergleichen. Die Bauwagen sind wiederum erst einmal abzuholen (es sei denn, der Bauwagen gehört schon dem Hühnerhalter/der Hühnerhalterin) und an Ort und Stelle zu bringen. Danach muss ihnen ein Fenster oder Gitter eingesetzt werden. Nun ist das Gartenhaus oder der Bauwagen innen noch passend einzurichten und der Bau des Hühnerhauses ist beendet.

Die Ausstattung

Damit Hühner lange und gut leben und Eier legen, müssen sie sich in ihrem Stall wohlfühlen. Darum ist die Innenausstattung sehr wichtig. Hierzu gehören:

Sitzstangen

Sie werden am besten alle in einer Höhe von mindestens 1 Meter über den Boden und mit einem Abstand von mindestens 35 cm zu möglichen Wänden angebracht. Ansonsten kommt es zu Rangordnungskämpfen bzw. Platzmangel. Ihre Optik ist den Hühnern nicht wichtig. Mehr kommt es auf die Hygiene an. Darum dürfen die Sitzstangen nicht großporig sein. Große Poren sind schwer zu reinigen und können Milben bekommen. Zudem dürfen sich darunter Kotfangvorrichtungen befinden. Ebenso gilt es, dass die Sitzstangen lang genug sind, um jedem Huhn 25 cm Platz zu bieten. Für 4 Hühner würde dies 1 Meter bedeuten. Natürlich darf die Stange auch gerne länger sein.

Futter- und Wassertrog

Als Wassertrog für das ganze Jahr eignen sich Hühnertränken. Für den Sommer gehen auch automatische Tränken. Bei ihnen fließt das Wasser immer nach. Im Gegensatz zu den Hühnertränken sind sie jedoch nicht frostfrei. Selbstverständlich können auch andere Behälter verwendet werden, welche für die Hühner einfach zu nutzen und für die Menschen leicht zu reinigen sind. Wichtig ist, dass sie genug Volumen fassen. 10 Hühner verbrauchen pro Tag rund 2 Liter Wasser. 120 Gramm benötigt wiederum jedes Huhn pro Tag Futter. Bei 10 Hühnern wären es 1200 Gramm. Damit muss ein ordentlicher Futtertrog vorhanden sein. Solche gibt es im Fachhandel.

Legenester

Sie sind kein Muss. Allerdings sind sie angebracht, wenn man nicht ständig im ganzen Gehege nach den Eiern suchen möchte. Jedes Legenest sollte dabei 35x35x35 cm groß sein. Ebenso sollte die Unterlage weich sein und die Nester sollten sich in einer ruhigen Gehegeecke befinden. Außerdem wird empfohlen, dass alle Nester in der gleichen Höhe – 80 cm über den Boden – sind. Ansonsten würden die höheren Nester benutzt werden und die Unteren nicht. Wer die Nester noch höher anbringen möchte, muss zusätzlich noch für Hühnerleitern sorgen. Schließlich müssen die Hühner in das Nest gelangen können. Die Nester werden in Einzel- und Gruppenlegenester unterschieden. Sie können einfach gebaut oder im Handel erworben werden. Ebenso kommt eine Holz-Obstkiste als Legenest infrage. So oder so dienen Einzellegenester für die Nachzucht. Gruppenlegenester werden meist verwendet, wenn keine Nachzucht erwünscht ist. Bei Letzteren teilen sich mehrere Hühner das Nest.

Licht

Etwas, woran bei der (Innen-)Ausstattung nicht gleich jeder denkt, ist das Licht. Durch Fenster oder lichtdurchlässige Platten kann Tageslicht in den Stall gelangen. Auch wird so für frische Luft gesorgt. Die Anbringung erfolgt am besten an einer

Seite, wo sich der Stall im Sommer nicht zu stark mit Hitze aufladen kann. Ebenso macht die Fensterfläche am besten lediglich 1/3 der Stallbodenfläche aus und endet 40 cm über den Boden. Ist eine Fensterfront nicht möglich, muss es Kunstlicht sein. Dabei sind Leuchtstoffröhren mit 3 Watt für 1 m^2 Grundfläche nötig, welche den Stall gleichermaßen beleuchten. Die Lichtquellen müssen mindestens 1,50 Meter hoch angebracht werden, damit die Tiere sie nicht als Sitzstangen verwenden. Zusammen mit Sonnenlicht, den die Tiere unter anderem über den Auslauf bekommen, sorgen 14 Stunden Kunstlicht für eine optimale Legeleistung. Vor allem in den Morgenstunden und immer zur gleichen Zeit kann das Kunstlicht eingeschaltet werden. Besser ist es natürlich, wenn sich der Biorhythmus nicht verändert und lieber etwas weniger Eier hingenommen werden. Schließlich kann zu viel Licht den Tieren auch schaden und etwa zu Federpicken führen.

Die Größe

Die Größe eines Hühnerstalls ist abhängig von der Anzahl der Hühner. Als Grundmaße gelten für 3 ausgewachsene, mittelgroße Hühner und für 5 Zwerghühner 1 m² Stallfläche. Dies ist aber nur das Mindestmaß. Je größer der Hühnerstall ist, desto wohler fühlen sich die Tiere. Außerdem sollte von diesem Maß 1/3 als Scharrbereich dienen, welcher 10 bis 15 cm hoch eingestreut wird. Der Rest dient für die Sitzstangen und die Legenester. Die Stallhöhe ist für die Tiere nicht allzu wichtig. Allerdings sollte ein Mensch darin stehen können, weil dies die Reinigung erleichtert.

Die Einstreu

Für eine ordentliche Hygiene bedarf es Einstreu. Die Möglichkeiten sind dabei sehr vielfältig. Oftmals wird zu Spreu geraten. Spreu gibt es deutschlandweit aber kaum. Darüber hinaus können Sägespäne verwendet werden. Solche gibt es im Sägewerk oder im Handel. Sägespäne lassen sich später aber nicht gut verschrotten. Stroh ist bezüglich der Entsorgung besser. Außerdem ist das Stroh einfach zu erwerben. Weil Stängel-Stroh unansehnliche Kotklumpen bildet, wird speziell Gehäckseltes gerne verwendet. Ähnlich ist es mit getrocknetem Rasenschnitt, Heu, Sand sowie auch Papierschredder. Bei Letzterem gilt es jedoch, nur unbehandeltes Papier zu verwenden. Ebenso wird empfohlen, für Legenester nur Heu oder Stroh zu verwenden.

Der Hühnerstall im Winter

Viele Hühner sind robuste Tiere. Trotzdem sollte der Stall wintersicher sein. Dabei muss er nicht stark gedämmt oder isoliert werden. Auch ist kein Beheizen nötig. So etwas würde den Tieren eher nicht guttun. Stattdessen gilt es, im Herbst einen Großputz zu veranstalten. Ebenso gilt es, Schlupflöcher und Ritzen zu beseitigen. Schließlich muss der Stall gerade zur kalten Zeit zugluftfrei sein. Auch ist die Trockenheit wichtig. Ebenso ist die Wasserversorgung eine Sache. Immerhin sollten die Tiere ständig Zugang zu ungefrorenem, frischem Wasser haben. Dies bedeutet, dass das Wasser alle paar Stunden gewechselt werden muss. Wer dies nicht machen möchte oder kann, kann zu einer Tränkenheizung greifen. Außerdem muss – falls vorhanden – die Kunstbeleuchtung frühzeitig kontrolliert und eventuell repariert werden. Des Weiteren wird empfohlen, den Tieren Vaseline und energiehaltige Nahrung zur Verfügung zu stellen. Ersteres wird auf die Körpergehängsel aufgetragen und schützt vor dem Erfrieren.

8. Hühner unterbringen – der Auslauf

Damit sich die Hühner so richtig wohlfühlen, benötigen sie einen Auslauf. Denn nur draußen können sie picken, scharren, hudern, sich selber beschäftigen, frische Kräuter fressen und Insekten vertilgen. Gerade Letzteres reduziert die Futterkosten.

Die Größe

Der Hühnerauslauf sollte pro Huhn mindestens 10 m^2 betragen. Es darf aber auch gerne mehr sein. Ein zu kleiner Auslauf sorgt bald für fehlendes Gras. Ist der Auslauf zu groß, nutzen die Hühner meist nur den Bereich um den Hühnerstall. Große Flächen ohne Abdeckung werden gemieden. Dagegen können Sträucher und Bäume helfen.

Die Struktur

Ein Hühnerauslauf kann in verschiedene Bereiche eingeteilt sein. Zum Beispiel sollte sich um den Stall herum eine gepflasterte Fläche oder Kies befinden. Schließlich setzen Hühner oftmals direkt vor dem Stall Kot ab. Die Fläche kann anschließend mit Wasser gereinigt werden. Außerdem ist es ratsam, dass sich in Eingangsnähe ein Baum oder ein Strauch befindet. Dies gibt den Tieren Sicherheit und sie verlassen den Stall weniger hektisch. Des Weiteren sind folgende Bereiche wichtig:

Schatten- und Scharrplätze

Hühner suchen auch gerne einmal den Schatten auf. In diesem ist es kühl. Zudem ist der Boden locker. So können die Tiere gut nach Insekten scharren. Der Schatten selbst kommt am besten von Büschen, Sträuchern oder Bäumen. Ansonsten muss der Halter/die Halterin nachhelfen und einen Schattenplatz bauen.

Sonnenbereich und Sandbad

Neben dem Schattenbereich darf es auch einen Sonnenbereich geben. Schließlich halten sich auch hier die Tiere gerne auf. Zum Sonnenbereich kann auch ein überdachtes Sandbad hinzukommen. Dieses beugt Milben und Hauterkrankungen vor. Beim Sandbaden wackeln die Tiere in die Kuhle nieder und wirbeln dabei möglichst viel Staub auf. Sie versuchen die Staubpartikel in ihren Federn zu verteilen und schütteln sie anschließend wieder heraus.

Ist kein Sandbad vorhanden, kommen die Hühner selber auf die Idee, sich ein Sand-/Erde-Bad zu scharren. Dies kann an – für den Halter/die Halterin unerwünschten – Stellen sein. Es ist also besser, wenn gleich ein 1 m² großes Loch von 40 cm Tiefe ausgehoben oder ein Kindersandkasten aufgestellt wird. Ebenso sollte seine Füllung nicht nass werden können. Darum ist eine Überdachung notwendig, welche dennoch keinen Schatten auf den Sand wirft. Trotz einer Überdachung muss das Sandbad ab und zu gereinigt werden. Sobald die Sandbadfüllung Klumpen bildet und nicht mehr locker und staubig ist, muss sie erneuert werden.
Die Füllung kann aus etwas Holzkohle und feinem Sand als Hauptfüllung bestehen.

Rasen, Weide und andere Bodenarten
Ein Teil (2/3) darf auch eine Grünfläche sein. Wichtig ist, dass das Gras triebig und trittsicher ist. Selbstverständlich tritt selbst bei dem besten Gras und bei einer guten Pflege irgendwann einmal Narbenlückigkeit auf. Lässt das Gras zu stark nach, kann eine Wechselbeweidung gut sein. Wer so viel Platz nicht hat, kann zumindest bei einem Teil Rasengittersteine auslegen. Das Gras wächst dann

durch die Gitter, kann bepickt werden, aber nicht weggescharrt. Außerdem kann ein Stück aus Beton bestehen. Dieser kann einfach gereinigt werden. Weil die Hühner hier nicht scharren können, ist er aber nicht für das komplette Gehege geeignet. Weil viele Böden nicht komplett geeignet sind, sind Kombiböden ratsam.

Pflanzen

Würden Hühner wild leben, hielten sie sich nur im geschützten Bereich auf. Damit sich die Hühner auch in einem vom Menschen geschaffenen Auslauf wohlfühlen, sollte dieser Bereich nicht fehlen. Als Unterschlupf sollten robuste Pflanzen im Gehege stehen. Die unterschiedlichen Arten von Obstgewächsen dienen außerdem noch als Futtermittel. Natürlich dürfen nur Pflanzen im Gehege sein, welche den Tieren nicht schaden. Schutz bieten den Hühnern auch Steinhaufen und vieles andere.

Futter- und Wasserplatz

Auch Futterplatz und Wasserplatz dürfen im Gehege enthalten sein. Es ist wichtig, dass beides nicht zu nah beisammen steht. Ansonsten könnte das Futter aufgeschwemmt werden. Ebenso sollte der Futternapf überdacht werden. Des Weiteren ist ein standfester Untergrund nötig, welcher leicht zu reinigen ist. Am besten besteht dieser aus Beton oder Pflastersteinen. Somit gelangt kein Dreck durch Scharren in die Näpfe.

Der Zaun

Der Auslauf sollte gut eingezäunt sein. Niedrige Zäune können reichen, wenn die Hühnerrasse kaum fliegen kann. Flugfähige Arten benötigen wiederum eine Höhe von 2 Metern. Außerdem ist die Maschengröße des Volierendrahtes richtig auszusuchen. Durch die Maschen, welche maximal 1 cm groß sind, werden Fressfeinde abgehalten. Ist eine Nachzucht geplant, dürfen sie gerne noch kleiner ausfallen. Immerhin dürfen die Küken nicht mit ihren Köpfchen durch den Draht gelangen. Bezüglich der Drahtstärke eignen sich 0,8 bis 1,2 mm. Wer keinen Volierendraht verwenden möchte, hat noch weitere Optionen. Eine ist Maschendraht. Dies ist die teuerste Variante. Günstiger wäre das Hühnernetz. Dieses muss reißfest, kratzsicher und picksicher sein. Außerdem benötigt es viel Stabilität. Im Winter muss es eine bestimmte Schneelast aushalten. Darüber hinaus muss das Zaunende in den Boden eingegraben sein, damit kein Tier unten durchkommt. Und selbst dann bieten Hühnernetze nicht viel Schutz vor Mardern. Diese können mit ihren Zähnen das Netz einfach durchbeißen.

Eine offene oder geschlossene Umzäunung?

Der Hühnerauslauf kann rundherum geschlossen oder oben offen sein. Beides hat Vorteile und Nachteile. Bei flugfähigen Rassen ist eine geschlossene Umzäunung besser. Somit können die Tiere auch nicht über einen hohen Zaun fliegen. Außerdem kommen – unabhängig von der Hühnerrasse – keine Fressfeinde von oben herein. Für die Umzäunung von oben können die gleichen Materialien verwendet werden wie von den Seiten. Ebenso ist es möglich, den Auslauf mit Wellblech, Kunststoff-Doppelstegplatten oder Ähnlichem komplett oder teilweise zu überdachen. Dann bekommen die Hühner einen zusätzlichen Schutz vor der Witterung. Für eine Umzäunung/Überdachung von oben bedarf es allerdings etwas Handwerksbegabung. Ebenso muss das Material vorhanden sein. Darüber hinaus können flugunfähige Hühnerrassen auch ohne obige Einzäunung leben.

9. Die Aufgaben bei der Hühnerhaltung

Jedes Tier hat Ansprüche und muss gepflegt werden. So ist es auch bei den Hühnern.

Tägliche Aufgaben:

Jeden Tag muss/müssen einmal oder mehrmals:

- die Futter- und Wassernäpfe entleert werden,
- die Futter- und Wassernäpfe neu befüllt werden,
- die Hühner in den Auslauf gelassen werden,
- die Hühner abends in den sicheren Stall gebracht werden,
- die Eier ausgenommen werden und
- sich ein grober Überblick verschafft werden, ob noch alle Hühner da und gesund sind.

Alle 2 bis 3 Tage:
- werden die Kotbretter gereinigt.

Einmal pro Woche:

- wird der Hühnerstall gesäubert, wenn sich in ihm keine Kotbretter befinden und der Kot überall verteilt wird.

Einmal pro Monat:

- wird der Stall mit den Kotbrettern komplett gesäubert.

Einmal im halben Jahr:

- erfolgt ein Großputz. Alle Einrichtungen werden entfernt und in einer Seifenlauge gereinigt. Es folgt eine weitere Behandlung mit Desinfektionsmitteln. Ebenso ist ein Kalkanstrich an den Wänden ratsam. Danach kann die Stalleinrichtung zusammen mit neuer Einstreu wieder in den Stall kommen.

10. Das Futter für die Hühner

Hühner benötigen verschiedene Futterstoffe. Darum sollten ihnen verschiedene Futtermittel zur Verfügung stehen.

Die Menge an Futter

Der spezielle Futterbedarf ist abhängig von der Rasse und von der Größe. Als Grundwert werden jedoch 120 Gramm Hühnerfutter für ein 2,5 kg schweres Tier pro Tag geraten. Mit einem großen Auslauf, wo sich die Tiere selber das Futter suchen können, kann die Masse reduziert werden.

Der Wasserbedarf

Ein einzelnes Huhn benötigt pro Tag etwa 250 ml Wasser. An sehr warmen Tagen kann der Wasserbedarf noch etwas höher sein. Deshalb sollte immer frisches Wasser zur Verfügung stehen.

Das Naturfutter

Hühner mögen verschiedenes Futter. Sie fressen Samen, Blätter, Beeren, Gras, Würmer, kleine Insekten und auch menschliche Essensreste.

Das Fertigfutter

Fertigfutter gibt es zahlreich auf dem Markt. Dies kann als Körnermischungen, in Mehlform oder als Zusatzfutter vorliegen. Das richtige Fertigfutter ist dabei schwer zu finden. Erst einmal muss man dazu wissen, was die Hühner gerne fressen. Weil Hühner kaum schmecken, ist die Form wichtig. Die ideale Form sieht aus wie ein Weizenkorn mit einer glänzenden Oberfläche. Außerdem ist die spezielle Zusammensetzung abhängig davon, ob es ein Mastfutter, Legehennenfutter, Kükenfutter oder anderes ist. Für freilaufende Hühner, die sich ihr Futter selber suchen, gibt es ebenso Futtermischungen. Denn das normale Fertigfutter würde ihnen zu viele Nährstoffe bieten.

Eigens gemischtes Hühnerfutter

Manche Leute sind mit dem Fertigfutter nicht zufrieden. Sie möchten sich das Hühnerfutter lieber selber zusammenmischen. Dabei muss das Alter, der Geschmack der Hühner, die Haltungsform, die Legeleistung als auch das Gewicht der Hühner bedacht werden.
Eine ausgewachsene Legehenne benötigt pro Tag etwa 120 Gramm Futter. Dazu kommen 150 Gramm für die Eierproduktion. Insgesamt sollte der Anteil an verdaulichen Rohproteinen bei 17 bis 20 Gramm liegen.

Das Biofutter

Wer ein echtes Bioei ausnehmen möchte, benötigt für seine Hühner Biofutter. Biohühnerfutter muss verschiedene Voraussetzungen erfüllen. So muss das Biogetreide etwa gentechnikfrei sein, das Saatgut auch aus einem Ökoanbau stammen und darf nur mit speziellen Dünge- und Schädlingsbekämpfungsmitteln behandelt werden.

Das Legemehl

Hühner bevorzugen normalerweise Nahrungsmittel, welche rund, glatt und mittelgroß sind. Ebenso gerne wird jedoch das Mehlfutter angenommen. Das Mehlfutter bringt den Vorteil, dass alle Futtermittel zerkleinert sind. Es kann also nichts wegen der Form aussortiert werden, was der Ernährung guttut. Das Mehlfutter wird vor allem für Küken und für Legehennen empfohlen. Dabei kann es als Alleinfuttermittel oder als Zusatzfutter dienen.

Das Pelletfutter

Pelletfutter ist nichts weiter als pelletiertes Legemehl. Manche Hühner mögen nämlich keine typische Mehlform.

Das Kükenfutter

Damit Hühnerküken heranwachsen, benötigen sie spezielles Futter. Würden sie nur Erwachsenen-Futter bekommen, kann dies später zu Schaden führen. Das erste Futter ist der Dottersack. Diesen bekommen die Küken beim Schlüpfen mit. Danach sind sie auf das angewiesen, was ihnen ihre Mutter oder der Mensch gibt. In der

Hühnerhaltung ist damit der Kükenstarter gemeint. Er ist in den ersten Wochen das Alleinfutter für die Küken. Es gibt ihn in Mehl- und Pelletform. Zudem kann das Futter Coccidiostatica besitzen. Falls dies nicht vorhanden ist, müssen die Hühnerküken bald gegen Coccodiose geimpft werden. Gleich nach dem Schlüpfen – wenn die Küken keinen Kükenstarter bekommen – bzw. ab der 3. Lebenswoche bekommen die Küken dann Kükenaufzuchtsfutter. Das Futter sollte ohne Probleme von den Kleinen aufgenommen werden können. Außerdem ist es wichtig, dass die Nährstoffe auf den wachsenden Organismus abgestimmt sind. Somit sind Vitamine, Mineralstoffe, Aminosäuren, Spurenelemente in der richtigen Menge wichtig. Des Weiteren benötigen Hühnerkinder viel mehr Energie. Deshalb besteht die Grundlage meist aus Mais. Ab der 8. Lebenswoche erhalten die Hühnerküken entweder Alleinfutter für Legehennen oder bis zum Erwachsensein Junghennenfutter.

Mögliche Bestandteile des Hühnerfutters

Das Hühnerfutter ist aus verschiedenen Komponenten zusammengesetzt. Einige können sein:

Muschelkalk

Muschelkalk sorgt für eine Kalziumaufnahme. Das Kalzium ist wichtig für die Eierproduktion und für das Wachstum. Für ein Ei werden 2 Gramm Kalzium benötigt. Dabei gehen 1 Gramm in den Körper der Henne und 1 Gramm in die Eierschale. Bei einem Kalziummangel werden zunächst die Knochen verbraucht. Geben sie nicht genug Kalzium ab, wird die Eierschale weich. Besteht der Mangel weiterhin, wird die Eierproduktion eingestellt. Ebenso kann es zu Federpicken und Kannibalismus kommen. Mit der Gabe von Muschelkalk werden die Vorgänge wieder umgekehrt.

Gritfutter

Gritfutter ist gut für die Verdauung. Es kann auch extra angeboten werden.

Garnelen, Mehlwürmer, Eier, Fisch, Fleisch, Nüsse, Kartoffeln, Bohnen, Hirse und Soja

Sie sind wichtige Eiweißbringer. Das Eiweiß dient der Eiproduktion und anderen Vorgängen im Organismus der Hühner. Garnelen besitzen zudem Omega-3-Fettsäuren, Eisen, Jod, Fluor, Magnesium, Kalzium, Vitamin B12 als auch Vitamin B3. In Maßen verwendet sorgen sie für die Gesunderhaltung der Hühner. Eine zu häufige Verwendung führt wiederum zu übermäßig viel Fett.

Die Futterzusätze

Futterzusätze gibt es bei so gut wie jeder Tierfütterung, auch bei den Hühnern. Sie sollen für ein prachtvolles Gefieder sorgen, die Gesundheit steigern und die Legeleistung erhöhen. Für viele Hühnerhalter*innen ist es jedoch fraglich, ob ihre Hühner so etwas brauchen. Einfach kann die Frage
nach den Futterzusätzen nicht beantwortet werden. Hochleistungsleger oder Ausstellungstiere können kaum ohne Zusätze leben. Ebenso können Zusätze die Mauser erleichtern. Leben die Hühner ohne oder fast ohne Auslauf, sind die Futterzusätze im Futter notwendig. Nur so bekommen die Hühner alle notwendigen Stoffe. Tiere mit viel Auslauf suchen sich ihre Zusätze

wiederum selber. So etwas sind Regenwürmer, Mehlwürmer oder Kräuter. Gerade tierische Leckerbissen
können auch einzeln erworben werden. Weiterhin dürfen Erdnüsse sowie auch gekeimte Körner gegeben werden.

Was fressen Hühner nicht?

Manches sollten die Hühner nicht fressen. Damit ist
zum Beispiel das Folgende gemeint:

- Eibe,

- Farn,

- Efeu,

- Hortensie,

- Fingerhut,

- Johanniskraut,

- Maiglöckchen,

- Schwarze Tollkirsche,

- Meerrettich,

- Rhododendron,

- Rittersporn,

- Zaunrübe

- Schierling

- verarbeitete Tierprodukte (sind gesetzlich verboten),

- Verdorbenes,

- Schimmliges,

- stark Gewürztes

- große Mengen an Kohl,

- matschiger und gärender Rasenschnitt,

- Avocados,

- Zitronen, Orangen, Kiwis und anderes Obst mit viel Vitamin C

- rohe Kartoffeln,

- Kartoffelschalen,

- Kartoffelpüree,

- Teesatz,

- Kaffeesatz,

- Eierschalen.

11. Die Gesundheit

Auch Hühner können krank und alt werden.

Das Alter

Manche Fachbücher berichten, dass die Tiere bis zu 50 Jahre alt werden können. Das gängige Alter für ein Haushuhn liegt aber bei 5 bis 9 Jahren. Wie alt das Huhn wird, hängt von der Legeleistung, der Haltung, möglichen Krankheiten und einer möglichen Schlachtung ab. Mit zwei Jahren lässt zudem die Leistung nach.

Gesundheitsvorsorge

Damit Hühner lange gesund bleiben, gehört eine gute Vorsorge dazu. Hiermit ist gemeint:

- regelmäßiges Füttern,

- regelmäßig neues Wasser geben,

- Wasser- und Futternäpfe immer reinigen,

- heller, sauberer, nicht zugiger Stall,

- frische Luft im Stall,

- Sandbad,

- Tiere ab und zu auf Krankheiten untersuchen,

- auf das Verhalten achten.

Augenentzündungen

Eine Augenentzündung kann bei Hühnern folgende Ursache(n) haben:

- Zugluft,

- Virus,

- mangelnde Hygiene,

- feuchte Einstreu,

- andere Erkrankung oder

- Mangelerscheinungen.

Sie kann folgende Symptome zeigen:

- Schwellung des Lides,

- wässriger bis eitriger Ausfluss,

- Picken am kranken Auge

- Verletzungen,

- Jucken und Brennen sowie

- Krustenbildung.

Behandlungsmöglichkeiten:

Augenerkrankungen müssen immer vom Tierarzt/von der Tierärztin angesehen werden. Manche sind nämlich harmlos und andere sehr gefährlich. Laien können das nur selten unterscheiden. Bis die Behandlung erfolgt, sollte das Huhn vereinzelt leben. Somit werden keine anderen Hühner angesteckt und es kommt zu keinen Pickangriffen. Des Weiteren sollten Absonderungen entfernt werden. Dies geschieht mit klarem Wasser und einen Wattebausch. Der Wattebausch wird auf die Verkrustungen gehalten. Dabei wird nicht gerieben. Sind die Verkrustungen entfernt, erfolgt ein Betupfen mit einem Augentrost-Tee. Kamille wäre ungeeignet. Schließlich wird damit das Gewebe nur noch mehr gereizt.

Durchfall

Ein Durchfall kann bei Hühnern folgende Ursache(n) haben:

- Fütterungsfehler,

- Infektionserkrankungen,

- Parasitenbefall,

- Stress,

- mangelnde Hygiene oder

- Würmer.

Er kann sich durch folgende Symptome zeigen:

- weicher Kot,

- schaumig gelber Kot,

- klarer dünnflüssiger Kot oder

- blutiger Kot.

Behandlungsmöglichkeiten:
Erst einmal muss die Ursache für den Durchfall geklärt werden. Bei Fütterungsfehlern reicht es aus, diese zu vermeiden. Ebenso kann die Verdauung mit Möhren,

Äpfeln, Hirse oder Haferflocken angeregt werden. Sind die Ursachen unbekannt, muss ein Tierarzt aufgesucht werden. Dieser findet, eventuell mit einer mitgebrachten Kotprobe, heraus, was die Ursache ist. Anschließend kann er Medikamente verschreiben.

Eierfressen

Das Eierfressen kann bei Hühnern folgende Ursache(n) haben:

- zu wenig Legenester,

- Legenester sind nicht gut gepolstert,

- Mangelerscheinungen,

- Fütterungsfehler,

- andere Erkrankungen,

- schalenlose oder dünnschalige Eier.

Es kann sich auf diese Weise zeigen:
- Hühner fressen ihre Eier.

Behandlungsmöglichkeiten:

Einem eierfressenden Huhn diese Angewohnheit abzugewöhnen, ist schwer. Oftmals hilft nur eine Einzelhaltung. Ebenso kann durch Futter-, Wasser- und Lichtentzug eine Zwangsmauser eingeleitet werden. Weil diese nicht tiergerecht ist, ist es besser, auf eine richtige Mauser zu warten. Nach der Mauser kann sich das Verhalten wieder verbessert haben. Damit es gar nicht erst zum Eierfressen kommt, gilt es, die Haltungsbedingungen gleich artgerecht zu halten. Dies bedeutet, dass ein Vitamin D-Mangel mit Kalziumpräparaten vermieden wird. Auch Kalkpräparaten sollten angeboten werden. Ebenso gilt es, ausreichend Legenester anzubieten und diese gut auszupolstern.

Erfrierungen

Erfrierungen können bei Hühnern folgende Ursache(n) haben:

- extreme Wetterbedingungen,

- Fröste.

Sie können sich auf diese Weise zeigen:

- Kamm oder Kehllappen erfrieren,

- schwarze Stellen an Kamm und Kehllappen,

- Farbveränderungen.

Behandlungsmöglichkeiten:

Erfrierungen können nicht mehr beseitigt werden. Sind sie extrem, so ist es angebracht, das Tier zu erlösen. Vorbeugen ist wiederum besser. Somit sollte bei kühlen Temperaturen immer der Stall geschlossen werden. Bei zu viel Kühle gibt es keinen Auslauf. Ebenso kann eine Wärmelampe benutzt werden, um den Stall frei von Frost zu halten. Außerdem soll ein Einreiben mit Vaseline an den Körperstellen helfen.

Ektoparasiten/Hautparasiten

Ektoparasiten können bei Hühnern folgende Ursache(n) haben:

- unzureichende Hygiene,

- andere Erkrankungen.

Sie können sich auf diese Weise zeigen:

- Federn sehen wie angefressen aus,

- Federausfall,

- sind zu sehen,

- Juckreiz,

- Nervosität,

- Abmagern,

- Kamm und Kehllappen verblassen.

Behandlungsmöglichkeiten:
Es gibt verschiedene Ektoparasiten. Fast alle können auch auf den Menschen übertragen werden. Sie können schwere Krankheiten auslösen. Tierärzte können aber

Mittel gegen sie verschreiben. Ebenso gibt es im Fachhandel spezielle Sprays. Diese müssen mehrmals an den Tieren und im Gehege/Stall angewandt werden.

Federpicken und Kannibalismus

Federpicken und Kannibalismus können bei Hühnern folgende Ursache(n) haben:

- Übersprunghandlung,

- Tier konnte in jungen Jahren nicht genug Futter picken oder scharren,

- zu viele Hühner auf engen Raum,

- Nährstoffmangel,

- Krankheiten,

- ammoniakhaltige Luft durch feuchte Einstreu, zu viel Stallwärme und so weiter.

Dies kann sich auf folgende Weise zeigen:

- einem Huhn fehlen Federn,

- Huhn wird beim Federfressen erwischt,

- andere Hühner werden angepickt.

Behandlungsmöglichkeiten:

Um Federpicken und Kannibalismus zu beseitigen, gibt es zwei Varianten. Die eine ist die Kürzung der Schnäbel im Alter von maximal 10 Tagen. Tierfreundlicher ist es jedoch, die Haltung zu verbessern. Ausreichend Tageslicht, frische Luft, Beschäftigungsmöglichkeiten, viel Platz sowie abwechslungsreiches Futter sind damit gemeint. Außerdem sollten die entsprechenden Hühner isoliert werden.

Kalkbeine

Kalkbeine können bei Hühnern folgende Ursache(n) haben:

- Grabmilben/Krätzemilben.

So lassen sie sich erkennen:

- Beine sehen aus, als wenn sie mit einer Kalkschicht überzogen wären.

Behandlungsmöglichkeiten:

Betroffene Tiere müssen tierärztlich versorgt werden. Sie erhalten Antiparasitika. Außerdem gilt es, die verkrusteten Schuppen mit Glycerin oder mit Schmierseife aufzuweichen und mit der Zeit abzuschaben. Danach können die Beine mit Ballistol-Öl, Paraffin oder mit einer 5%igen Sodalösung versorgt werden. Die Behandlung gilt es unbedingt mehrfach zu wiederholen. Schließlich gilt es auch, die Nachkommen der Milben loszuwerden, welche unter den Schuppen schlüpfen. Ebenso ist es notwendig, gründlich den Stall zu reinigen. Diese Milbenart kann nämlich auch eine Zeit außerhalb des Wirtes überleben. Für die Reinigung der Sitzstangen wird Salatöl verwendet. Ebenso sollte der Stall eingekalkt werden.

Kokzidiose

Kokzidiose kann bei Hühnern folgende Ursache(n) haben:

- Erreger Eimeria tenella,

- Alter (vor allem Jungtiere).

Folgende Symptome können sich zeigen:

- blutiger Durchfall,

- schleimiger Durchfall,

- Appetitlosigkeit,

- Abgeschlagenheit,

- Abmagerungen.

Behandlungsmöglichkeiten:

Unbehandelt führen Kokzidien zum Tod. Damit dies nicht passiert, sollte eine Kotuntersuchung stattfinden. Danach werden den Hühnern Medikamente gegeben. Dies ist meist ein Pulver. Das Pulver wird in Wasser aufgelöst. Damit Kokzidiose gar nicht erst auftritt, sollten die Hühner gut versorgt werden und viel Platz bekommen. Außerdem können einwöchige Küken geimpft werden. Der Impfstoff wird über Wasser verabreicht. Mit ihm werden die Tiere gegen Kokzidiose immun.

Mareksche Lähme

Mareksche Lähme kann bei Hühnern folgende Ursache(n) haben:

- Virus,

- Ansteckung durch erkrankte Artgenossen.

Sie kann sich durch folgende Symptome zeigen:

- Humpeln,

- Erblindung,

- veränderte Zehenstellung,

- Krämpfe,

- Pupillenveränderung,

- geschwulstähnliche und knotenförmige Veränderungen an den Nervensträngen,

- Hautveränderungen.

Behandlungsmöglichkeiten:
Die Mareksche Lähme kann nicht geheilt werden. Manche Tiere erholen sich aus eigener Kraft, während andere sterben. Die Erkrankung ist für Hühner hochansteckend. Ist ein Tier erkrankt, sollte der Bestand vernichtet werden. Damit es gar nicht so weit kommt, wird eine Impfung empfohlen. Dazu kommt eine gute Stallhygiene.

Mykoplasmose

Mykoplasmose kann bei Hühnern folgende Ursache(n) haben:

- schwaches Immunsystem,

- Bakterien,

- zu viele Hühner auf engem Raum,

- schlechte Haltungsbedingungen,

- Fütterungsfehler,

- Stress.

Sie kann sich durch folgende Symptome zeigen:

- erhöhte Embryo-Sterblichkeit,

- schlechte Legeleistung,

- Nasennebenhöhlenschwellungen,

- erhöhte Sterblichkeit,

- verschlechtertes Allgemeinbefinden,

- Bewegungsunlust,

- gleichaltrige Hühner wachsen verschieden.

Behandlungsmöglichkeiten:

Zum Vorbeugen sollte eine gute Stallhygiene betrieben werden. Ebenso können Medikamentengaben oder (umstrittene) Impfungen angewendet werden.

Newcastle-Krankheit

Newcastle-Krankheit kann bei Hühnern folgende Ursache(n) haben:

- Virus,

- Ansteckung durch erkrankte Artgenossen.

Sie kann sich durch folgende Symptome zeigen:

- Durchfälle,

- plötzlicher Tod,

- verminderte Qualität der Eierschale und des Ei-klars,

- Verhaltensveränderung,

- Rückgang der Legeleistung,

- Atembeschwerden,

- Appetitlosigkeit,

- Anteilslosigkeit,

- Fieber,

- Schleim um Schnabel und um Augen,

- Kamm färbt sich dunkel,

- Lähmungserscheinungen.

Behandlungsmöglichkeiten:

Die Newcastle-Krankheit endet für Hühner tödlich. 4 bis 6 Tage nach der Krankheitsansteckung treten bei den Tieren die ersten Symptome auf. Nach 5 Tagen sterben dann die betroffenen Tiere. Bis dahin kann sich die Erkrankung schnell in der Schar und auf benachbarte Hühner ausgebreitet haben. Die Ansteckung erfolgt über Exkremente, Körperflüssigkeiten und Atemluft. Auch der Mensch kann beim Versorgen die Viren aufschnappen und sie zu anderen Vögeln tragen. Für Menschen ist die Newcastle-Krankheit nur wenig gefährlich. Jedoch kann es unter anderem zu einer Bindehautentzündung kommen. Außerdem kann der Erreger bis zu einem Jahr in der Umgebung überleben. Alles in allem ist die Newcastle-Krankheit meldepflichtig. Um sie zu verhindern, müssen die Tiere geimpft sein. Kommt es dennoch zum Ausbruch, reagiert das Veterinäramt mit der Desinfektion des Stalls, von Fahrzeugen und Gebäuden sowie mit Stallzwang für Geflügel und so weiter.

Schnupfen

Schnupfen kann bei Hühnern folgende Ursache(n) haben:

- andere Erkrankungen,

- Viren,

- Würmer,

- Witterung,

- zugiger Stall,

- feuchte Einstreu.

Er kann sich durch folgende Symptome zeigen:

- verstopfte Nase,

- Fieber,

- laufende Nase,

- tränende Augen,

- hörbare Atemgeräusche,

- Würgen,

- häufiges Kopfschütteln.

Behandlungsmöglichkeiten:

Ein Huhn mit Schnupfen muss separat leben. Ebenso ist es wichtig, die Schnupfenursache herauszufinden. Zudem sollte der Stall gut ausgemistet, desinfiziert und neu eingestreut werden. Außerdem ist es ratsam, das Huhn zum Tierarzt/zur Tierärztin zu bringen. Neben Medikamenten helfen auch Vitamine im Trinkwasser beim Gesundwerden. Das kranke Huhn darf zudem bei schlechtem Wetter nicht nach draußen. Eher bekommt es eine Wärmelampe, damit es schön warm ist. Lebt das Huhn in der Zeit separat, kann ihm auch eine Schale mit Kamillensud in den Stall gestellt werden. Nachdem das Huhn eine Stunde automatisch inhaliert hat, wird die Schale wieder entfernt.

Würmer

Würmer können bei Hühnern folgende Ursache(n) haben:

- in kleiner Menge sind sie immer vorhanden,

- Übertragung über Kot,

- mangelnde Hygiene,

- schwaches Immunsystem,

- Stress,

- Infektionen,

- schlechtes Futter.

Sie können sich durch folgende Symptome zeigen:

- verringerte Leistung,

- Abmagerung,

- schlechtes Federkleid,

- Durchfall.

Behandlungsmöglichkeiten:

Leidet ein Huhn unter den Symptomen, muss es tierärztlich versorgt werden. Ohne entsprechende Medikamente würde es sterben. Außerdem müssen die Haltungsbedingungen verbessert und Stall und Auslauf gereinigt werden. So lange, wie die Tiere krank sind, bleiben sie zudem im Stall. Würmer werden nämlich über den Kot übertragen. Dieser bleibt bei einem vorübergehenden Stallzwang im Stall und wird nicht im ganzen Gehege verteilt. Das Reinigen fällt somit leichter. Außerdem sollte die Wurmkur nach einiger Zeit wiederholt werden. Von den ersten Medikamenten werden meist nur die alten Würmer abgetötet, aber nicht die Eier.

Vogelgrippe

Vogelgrippe kann bei Hühnern folgende Ursache(n) haben:

- Virus.

Sie kann sich durch folgende Symptome zeigen:

- hohes Fieber,

- Atemnot,

- Appetitlosigkeit,

- Legeleistung geht zurück,

- stumpfes Gefieder,

- Teilnahmslosigkeit,

- Augenausfluss, Schnabelausfluss,

- grünlicher, schleimiger, wässriger Durchfall,

- Blaufärbung von Kamm und Kehllappen,

- Wassereinlagerungen an Kopf, Hals, Kamm, Kehllappen, Füßen und Beinen,

- plötzliche Todesfälle,

- neurologische oder zentralnervöse Störungen.

Behandlungsmöglichkeiten:

Gegen die Vogelgrippe kann geimpft werden. Die Impfung ist in der EU und auch in Deutschland verboten. Lediglich bei Ausnahmefällen gilt eine Sonderregelung. Der Grund für das Verbot ist, dass geimpfte Tiere trotzdem krank werden können. Bei ihnen fallen die Symptome nicht so stark aus. Dann kann gedacht werden, dass es sich um eine normale Grippe handelt. Die Erregerausscheidung ist allerdings weiterhin vorhanden. Damit kann sich das Virus weiter ausbreiten. Übrigens kann die Vogelgrippe auch auf den Menschen übertragen werden. Dazu bedarf es einen intensiven Kontakt und eine starke Aufnahme des Virus.

Die Mauser

Die Mauser kann bei Hühnern folgende Ursache(n) haben:

- abgenutztes Federkleid,

- wird von Hormonen gesteuert.

Sie kann sich auf folgende Weise zeigen:

- Hühner verlieren die Federn,

- Eiproduktion wird verringert oder komplett eingestellt.

Behandlungsmöglichkeiten:

Die Mauser ist keine Krankheit, sondern ein natürlicher Wechsel der Federn. Sie dauert 4 bis 6 Wochen an und findet meist im Herbst statt. Den Tieren geht es dabei nicht gut. Sie benötigen mehr Energie. Eine ausgewogene Ernährung ist wichtig. Neben herkömmlichem Körnerfutter sollten zusätzlich B-Vitamine, Biotin, Vitamin D3, Selen, Zink, Eisen, Kalzium, Phosphor und essenzielle Aminosäuren angeboten werden.

Legenot

Die Legenot kann bei Hühnern folgende Ursache(n) haben:

- zu frühes Legen,

- Kälte,

- zu häufiges Legen,

- Verfetten,

- Vitaminmangel,

- Nährstoffmangel.

Sie kann sich durch folgende Symptome zeigen:

- Ei kommt nicht raus,

- Henne sitzt in Pinguinhaltung,

- Ei ist deutlich beim Betasten des Unterleibs zu spüren.

Behandlungsmöglichkeiten:

Wird die Legenot nicht erkannt, stirbt die Henne. Ansonsten kann leichtes Massieren helfen. Auch Rizinusöl aufzuträufeln kann gut sein. Ebenso kann es möglich sein, dass Ei aufzustechen, wenn es schon etwas herausguckt. Danach gilt es, das Ei stückweise zu entfernen. Befindet sich die Legenot noch im Anfangsstadium, kann es zudem helfen, die Wärme zu erhöhen und für mehr Luftfeuchtigkeit zu sorgen.

Verminderte Legeleistung

Verminderte Legeleistung kann bei Hühnern folgende Ursache(n) haben:

- Mauser,

- Alter,

- Umwelteinflüsse,

- Krankheit.

Sie kann sich auf diese Weise zeigen:

- Huhn legt weniger Eier.

Behandlungsmöglichkeiten:
Eine verminderte Legeleistung durch die Mauser oder wegen Witterungseinflüssen verbessert sich irgend-

wann von alleine wieder. Mit einem ausgewogenen Futter kann die Legeleistung gesteigert werden. Dazu kommt ein ausreichendes Lichtangebot von 16 Stunden pro Tag und ständig frisches Wasser. Liegt die Ursache in einer Krankheit mit weiteren Begleiterscheinungen, ist ein Tierarzt/eine Tierärztin aufzusuchen.

Impfungen

Für Hühner besteht eine Impfpflicht gegen die Newcastle-Krankheit. Der/Die Hühnerhalter*in muss die regelmäßigen Impfungen nachweisen können. Den Impfstoff gibt es nur in Dosierungen für mindestens 1000 Hühner. Örtliche Kleintierzuchtvereine veranstalten deswegen manchmal Impftage. Dort können sich auch Hobbyhühnerhalter*innen den Impfstoff in kleineren Dosen für bis zu 2,00 € holen. Die Impfung geschieht über das Wasser, in welchem der Stoff aufgelöst und anschließend von den Tieren getrunken wird. Die Impfungen selber erfolgen mit dem 14. Lebenstag, in der 7. Lebenswoche, in der 21. Lebenswoche und danach alle 6 Wochen.

Weitere freiwillige Impfungen können sein: gegen die Mareksche Krankheit, gegen Coccidiose, gegen Infektiöse Laryngotracheitis und gegen Bronchitis.

12. Legeleistung und Brut bei Hühnern

Wie lange und wie viele Eier ein Huhn legt, ist abhängig von der Rasse, dem Futter und seiner Gesundheit. Legerassen bringen das ganze Jahr gute Eier. Mit zwei Jahren wird die Produktion aber eingestellt. Ältere Rassen legen nicht so gut, dafür etwas länger.

Für die Industrie ist die Nachzucht von Hühnern unerlässlich. Schließlich werden immer wieder neue Eier aber auch Fleisch benötigt. Für Hobbyhalter*innen kann es wiederum sehr interessant sein, bei der Aufzucht zuzusehen.

Die Naturbrut

Bei der Naturbrut werden die Bruteier von der Glucke ausgebrütet und die Küken von ihr großgezogen. Die Naturbrut hat Vorteile und Nachteile. Nachteilig ist, dass die Brut nicht terminiert werden kann. Auch ist nicht jede Henne immer zum Brüten bereit. Ebenso bleibt die Menge der Eier, welche bebrütet werden können, bei einer Naturbrut geringer als bei einer Kunstbrut. Dazu kommt eine erhöhte Verlustrate. Bei unerfahrenen Glucken kann es vermehrt zu toten Küken kommen. Positiv ist hingegen, dass die Brut und die Aufzucht für den Menschen sehr interessant sein können. Des Weiteren können sich die Tiere fortpflanzen wie in der Natur. Ebenso bekommt das Küken schon vor dem Schlüpfen Kontakt zur Glucke, welcher bei der Kunstbrut fehlt. Wer darum auf die Naturbrut setzt, sollte aber noch einiges beachten. Die Brut muss durch eine ausgewogene Ernährung der Henne vorbereitet werden. Auch eine Wurmkur sollte sie bekommen. Hinzu kommt eine große Behandlung des Stalls gegen Milben und Federlinge. Außerdem ist die Auswahl der Hennen wichtig. Am besten werden ruhige und ausgeglichene Hühner genommen. Diese können in einen separaten Gluckenstall kommen oder bei den anderen Hühnern bleiben. Im separaten Stall haben die Hühner weniger Stress. Der Umzug findet erst nach der Eiablage statt, wenn die Glucke schon fest auf dem Nest sitzt. Hierzu ist es wichtig, dass das Legenest transportiert werden kann. Ebenso sollte darauf geachtet werden, dass die Glucke nicht in eine Brutstarre verfällt, welche ihr die Futteraufnahme unmöglich macht. Haben sich nämlich innerhalb einiger Tage keine Kothaufen gesammelt, sollte die Glucke vorsichtig vom Nest genommen werden. Somit wird die Brutstarre beseitigt und die Henne frisst wieder. Bezüglich der Nahrung ist herkömmliches Körnerfutter ausreichend. Es können zusätzlich Ölsaaten verfüttert werden. Saftfutter und frisches Gemüse könnten wiederum zum Durchfall führen und sind ungeeignet.

Des Weiteren sollte das Gelege des Öfteren kontrolliert werden. Unbefruchtete Eier sortiert die Henne selber aus. Zudem werden manchmal die unbefruchteten Eier gefressen. Gefressen werden auch in einigen Situationen die Küken. Dies ist dann der Fall, wenn sie krank oder tot sind. In Ausnahmefällen betrifft es gesunde Küken. Dann handelt es sich um ein Fehlverhalten. Solche Hühner sollten kein zweites Mal zur Naturbrut verwendet werden.

Die Kunstbrut

Mit der Naturbrut kann die Industrie nichts anfangen. Wegen der Massentierhaltung wurde vielen Rassen der Brutinstinkt weggezüchtet. Küken von solchen Hühnern stammen darum aus der Kunstbrut. Aber auch Hobbyhalter*innen verwenden manchmal diese Brutform. Schließlich ist die Verlustrate geringer, der Schlupf kann

geplant werden und auch die Menge ist selber zu be-
stimmen. Für die Kunstbrut ist eine Brutmaschine nötig.
Solche können manuell, halb- oder vollautomatisch
sein. Außerdem sollten die Elterntiere separat von den
anderen Hühnern leben und die Henne ausgewogen er-
nährt werden. Eine eiweißarme Nahrung ist dabei für
die Tiere sehr wichtig. Ansonsten bildet sich im Ei zu viel
Eiklar, in welchem das Küken ertrinkt. Darüber hinaus
sollten nur geeignete Eier für die Kunstbrut verwendet
werden. Unnormal geformte, zu große oder zu kleine
Eier sind nicht geeignet. Die perfekten Eier werden aus
dem Nest genommen und durch künstliche ersetzt. Außerdem werden die Eier bei 8 bis 14 °C nicht zu trocken
gelagert. Von nun an müssen sie ein bis zweimal pro Tag
um die halbe Längsachse gedreht werden. Somit senkt
sich die Eiweißschicht nicht auf eine Seite ab. Des Weiteren sollten die Eier mit einem Bleistift markiert werden, wenn das Legedatum oder die Elterntiere später
gewusst werden wollen. Andere Stifte sind jedoch un-
ratsam. Ihre Farbe könnte in das Ei eindringen und den
Küken schaden. Die Lagerzeit darf maximal 10 bis 12
Tage betragen. Die Eier dürfen aber auch schon eher in
den Brutapparat gelangen. Nach 19 bis 24 Tagen schlüpfen die Küken. Schafft es das Küken nicht aus dem Ei,
weil die Eihaut nicht eingezogen werden konnte, darf

eine kleine Pellhilfe vorgenommen werden. Außerdem kann es sein, dass Küken mit Fehl- oder Missbildungen schlüpfen. Dann sollten ihnen Qualen erspart und sie getötet werden. So würde es bei der Naturbrut die Glucke auch machen.

Die Aufzucht

Werden die Küken durch eine Naturbrut zur Welt gebracht, muss der Mensch meist nicht viel zur Aufzucht beitragen. Die Glucke wird sich liebevoll um den Nachwuchs kümmern, ihn Nahrung aufnehmen lassen und ihm Schutz und Wärme bieten. Ebenso warnt sie die Kleinen vor Gefahren. Mit 5 Wochen werden die Kleinen selbstständiger. Auch das Gefieder ist ab nun gut entwickelt. Damit sind die Küken gut vor Kälte geschützt. Langsam geht die Hühner-Familie auseinander. Mit 8 Wochen hat sich die Mutter von ihren Küken getrennt. Anders ist es wiederum bei der Kunstbrut. Hier muss der Mensch für die nötige Wärme sorgen. Die geschieht in einem abgegrenzten Stall. Die Wärme sollte in diesem Stall teilweise 32 °C betragen. Ebenso müssen die Küken einen kühleren Ort im Stall aufsuchen dürfen. Ab der zweiten Woche wird die Temperatur abgesenkt.

18 °C sollte die Stalltemperatur aber nicht unterschreiten. Mit 6 bis 8 Wochen dürfen die kleinen Hühner dann zu den anderen Hühnern in das Gehege. Übrigens müssen die Küken auch ohne Mutter nicht verhungern. In den ersten 48 Stunden ernähren sich die Hühnerküken vom Dottersack. Danach muss den Kleinen Kükenmehl oder pelletiertes Kükenstarterfutter angeboten werden. Hinzu kommen Muschelgrit und sauberes Trinkwasser. Mit etwa 2 Monaten fressen die Kleinen normales Hühnerfutter.

13. Beliebte Hühnerrassen

Hühner werden in unterschiedliche Rassen eingeteilt.

Legehühner

Legehühner fallen in eine mittelschwere Klasse und werden vor allem wegen ihrer Legeleistung gehalten. Sie liefern etwa 180 bis 220 Eier pro Jahr. Zu den Legehühnern gehören unter anderem:

Araucana

Diese bis zu 2,5 kg (Hahn) schwere Rasse ist ein Legehuhn und Zierhuhn zugleich. Es gibt sie in 13 anerkannten Farben. Alle legen türkisfarben bzw. türkisgrüne Eier.

Leghorn Huhn

Es besitzt reines, silberweißes Gefieder, ein lebhaftes Temperament, legt weißschalige Eier und stellt nur geringe Haltungs- und Futteransprüche.

Friesenhuhn

Das Friesenhuhn ist ein guter Flieger und verbringt gerne die Zeit auf Bäumen. Darum sollten solche im Gehege vorhanden sein. Des Weiteren ist es klein (Gewicht maximal 1,6 kg), sehr robust und haltungsfreundlich. Außerdem ist das unter anderem silber, gold oder gelb weiß geflockte Huhn gut für die Naturbrut geeignet. Bezüglich der Gefiederfarben gibt es noch viel mehr. Alle haben schiefergraue Läufe, orangerote Augen sowie auch weiße Ohrlappen. Hinzu kommen ein roter aufrechter Einfachkamm und rote kurze Kehllappen.

Kraienköppe

Sie können untereinander aggressiv werden, sind robust, vital und stellen nur geringe Haltungsansprüche. Sie können silber-, gold-, orange- oder blaugoldfarbig ausfallen. Dazu kommen gelbe Läufe, gelbrote bis rote Augen und kräftige, rote Ohr- und Kehllappen sowie der rote Kamm. Die bis zu 3,8 kg schwere Rasse (Hähne) kann zudem gut fliegen und benötigt ein flugsicheres Gehege.

Bernefelder Huhn

Es legt große, braune Eier, lässt sich leicht zähmen und fliegt nicht. Allerdings ist es anfällig für die Mareksche Lähme. Sein Gefieder ist schwarz, weiß, braun-schwarz oder braun-blau. Kamm, Gesicht,

Kehl- und Ohrlappen sind rot. Die Augen sind orangerot und die Läufe gelb.

Brakel

Die Hühner dieser Rasse können gut fliegen, scharren gerne, legen weiße Eier und sind gold- oder silberfarbig. Auch blau, schwarz, weiß oder weiß beblümt sind möglich.

Naturbrüter

Vielen Hühnerrassen wurde der Bruttrieb weggezüchtet. Einige Rassen machen aber weiterhin eine Naturbrut. Solche sind unter anderem:

Brahma-Huhn

Diese Hühner sind lebhaft, besitzen befiederte Füße und es gibt sie in vielen Farbschlägen. Ihre Jungtiere wachsen nur langsam heran. Es sollte darum eine Naturbrut im Frühjahr stattfinden.

Cochin Huhn

Solche Hühner werden wegen ihres Fleisches und der Legeleistung gezüchtet. Choncin Hühner sind in der Haltung wenig anspruchsvoll. Allerdings sollten kein Schlamm und kein hohes oder nasses Gras im Gehege sein. Zudem fliegen die Tiere nicht und es gibt sie unter anderem in diesen Farben: schwarz, weiß, gelb, blau und schwarz-weiß gescheckt.

Seidenhuhn

Das Seidenhuhn besitzt ein seidiges Gefieder und ist innen schwarz. Es ist kein guter Fleisch- und Eierlieferant. Ebenso kann es nicht fliegen. Dafür ist gut für die Naturbrut geeignet. Die Gefiederfarbe ist meist weiß oder schwarz. Auch blau, wildfarbig, silbergrau, rot sowie gelb mit Federbart sind möglich.

Orpington Huhn

Es gehört zu den Fleischhühnern, kann nicht gut fliegen und hat nur geringe Ansprüche. Es gibt es unter anderem in weiß, schwarz, gelb und rot. Die Hennen sind beim Brüten zuverlässig.

Zwiehühner

Als Zwiehühner sind die Rasen gemeint, welche viele Eier legen und auch viel Fleisch anlegen. Diese sind etwa:

Amrock

Amrocks sind ruhige Tiere, welche leicht verfetten. Verfettete Tiere legen nicht so viele Eier. Darum benötigen sie viel Platz und ihr Futter muss kontrolliert werden. Zudem liegen diese Hühner kaum, sind sehr gesund, können bis zu 4 kg (Hahn) erreichen und im ersten Jahr bis zu 220 60 g schwere Eier legen. Amrocks eignen sich zudem nicht für die Naturbrut und ihr Farbschlag ist gestreift.

Ramelsloher

Ramelsloher sind rahmweiß, robust, wetterhart, wenig anspruchsvoll, legen etwa 150 Eier pro Jahr, legen auch im Winter Eier und werden bis zu 2,5 kg (Hahn) schwer. Ebenso besitzen sie dunkle Augen, rote Kehllappen, einen roten Kamm sowie auch große, glatte und leicht bläuliche Ohrscheiben.

Sundheimer

Sie stellen kaum Ansprüche, können nicht fliegen, sind leicht auf bis zu 3,5 kg zu mästen und legen bis zu 200 Eier pro Jahr.

Sussex

Auch diese Rasse ist sehr pflegeleicht. Dazu liefert sie zartes, weißes Fleisch und legt im ersten Jahr bis zu 180 Eier.

Sulmtaler

Sie sind schwere Hühner (Hähne wiegen bis zu 4,5 kg), welche trotzdem gut fliegen können. Sulmtaler sind leicht zu mästen und robust. Zudem legen sie im ersten Jahr bis zu 160 Eier. Ihre Farbe ist weiß oder weizenfarbig.

Welsumer

Welsumer legen viele große Eier und haben wenig Ansprüche. Je nach Legeleistung verfärben sich die Eier von dunkel nach hellbraun.

Wandotten

Diese Hühner sehen gut aus, legen bis zu 180 Eier pro Jahr, können nicht fliegen, gelten als sehr gesund und können gut gemästet werden. Außerdem können sie für die Naturbrut geeignet sein. Ihre Farbenvielfalt kann bis zu 30 Farben und Farbschläge umfassen. Unter anderem gehören weiß, schwarz, gelb und goldblau gesäumt dazu.

Fleischhühner

Hühnerrassen, welche mehr als 4 kg erreichen können, werden wegen ihres Fleisches gezüchtet. Hierzu gehören etwa:

Dorking Hühne

Dorking Hühner können wegen ihres Gewichtes nicht fliegen. Sie lassen sich gut mästen, besitzen zartes und weißes Fleisch und sind auch für die Naturbrut geeignet. Bezüglich der Farben gibt es die Dorking Hühner in dunkel, silbergrau, weiß, gesperbert sowie in rotbraun.

Jersey Giant

Diese Hühner können nicht fliegen und benötigen mehr Platz als kleinere Rassen. Sie legen etwa 160

Eier pro Jahr, besitzen einen natürlichen Bruttrieb und können schwarz, weiß oder blaugesäumt erscheinen.

Mechelner Huhn
Diese schlecht fliegende, robuste, wenig anspruchsvolle Hühnerrasse, welche etwa 150 Eier pro Jahr legt und bis zu 5 kg (Hahn) schwer wird, ist mittlerweile vom Aussterben bedroht.

Zwerghühner

Zwerghühner sind kleiner als normale Hühner und werden ebenso in verschiedene Rassen unterteilt. Sie benötigen weniger Platz und liefern bis zu 180 Eier pro Jahr. Diese können bis zu 60 Gramm schwer sein.

Kampfhühner

Deutschlandweit und auch in vielen anderen Ländern sind Hahnenkämpfe verboten. In manchen Ländern dienen sie jedoch zur Belustigung der Menschen. Wer sich eine Kampfhuhnrasse für die Eier halten möchte, muss mit einer schwierigen Haltung rechnen. Die Tiere lassen sich nicht einfach vergesellschaften. Insbesondere ausgewachsene Hähne sind sehr kampflustig. Die Rangordnungskämpfe können dabei auch blutig enden. Aber auch die Hennen lassen sich schwer in eine andere Schar eingliedern. Auseinandersetzungen können tödlich enden. Außerdem sollte bei den Kampfhühnern die gute Flugfähigkeit bedacht werden.

14. Hühnerhaltung - Rechtliches

In vielen Wohngebieten ist die Hühnerhaltung erlaubt. Mieter benötigen das Einverständnis des Vermieters. Die Tiere müssen dem Veterinäramt und den Tierseuchenkassen gemeldet werden.

Bezüglich der Menge zählt die Hühnerzucht bei bis zu 20 Hühnern als Hobby. Alles, was darüber hinausgeht, könnte rechtlich gesehen als zu viel angesehen werden, um es als Hobby zu bezeichnen. Ähnlich ist es bei der Haltung von Hähnen. Ein Hahn gilt als positiv. Bei zwei Hähnen könnte es wiederum zu rechtlichen Beschwerden wegen der Lärmbelästigung kommen. Schließlich lässt sich der Lärm zwar nicht komplett abstellen, mit nur einem Hahn aber eindämmen. Außerdem müssen die Hühner alle 3 Monate gegen die Newcastle-Krankheit geimpft werden. Sterben bei einer Haltung von weniger als 100 Hühnern innerhalb von 24 Stunden 3 Tiere, ist zudem ein Tierarzt aufzusuchen. Schließlich könnte die Vogelgrippe dahinterstecken, für welche eine Stallpflicht wichtig ist. Ebenso ist es möglich, dass Behörden für Kleintierhalter eine Salmonellen-Impfung vorschreiben, wenn diese erforderlich ist. Darüber hinaus müssen immer die tierschutzrechtlichen Mindeststandards eingehalten werden, welche sich in der Tierschutz-Nutztierhaltungsverordnung finden. Weiterhin müssen die baurechtlichen Vorschriften beim Hühnerstall bedacht werden. Alle Bundesländer haben dabei ihre eigenen Grenz- und Höchstwerte. Lediglich kleine Hühnerställe sind genehmigungsfrei.

Rechtliches und Impressum

Das Werk einschließlich aller Inhalte ist urheberrechtlich geschützt. Der Nachdruck oder Reproduktion, gesamt oder auszugsweise, sowie die Einspeicherung, Verarbeitung, Vervielfältigung und Verbreitung mit Hilfe elektronischer Systeme, gesamt oder auszugsweise, ist ohne schriftliche Genehmigung des Autors untersagt. Alle Übersetzungsrechte vorbehalten.

Die Inhalte dieses Buches wurden anhand von anerkannten Quellen recherchiert und mit hoher Sorgfalt geprüft. Der Autor übernimmt dennoch keinerlei Gewähr für die Aktualität, Richtigkeit und Vollständigkeit der bereitgestellten Informationen.

Haftungsansprüche gegen den Autor, welche sich auf Schäden gesundheitlicher, materieller oder ideeller Art beziehen, die durch Nutzung oder Nichtnutzung der dargebotenen Informationen bzw. durch die Nutzung fehlerhafter und unvollständiger Informationen verursacht wurden, sind grundsätzlich ausgeschlossen, sofern seitens des Autors kein nachweislich vorsätzliches oder grob fahrlässiges Verschulden vorliegt. Dieses Buch ist kein Ersatz für medizinische oder professionelle Beratung und Betreuung.